CONTENTS

Published by
CJ FALLON
Ground Floor – Block B
Liffey Valley Office Campus
Dublin 22

ISBN 978-0-7144-1687-8

©
CJ FALLON

First Edition February 2009

This Reprint February 2019

Printed in Ireland by
Turner Print Group
Earl Street
Longford

Ring. Match. Colour.

Ring. Match. Colour.

Ring. Match. Colour.

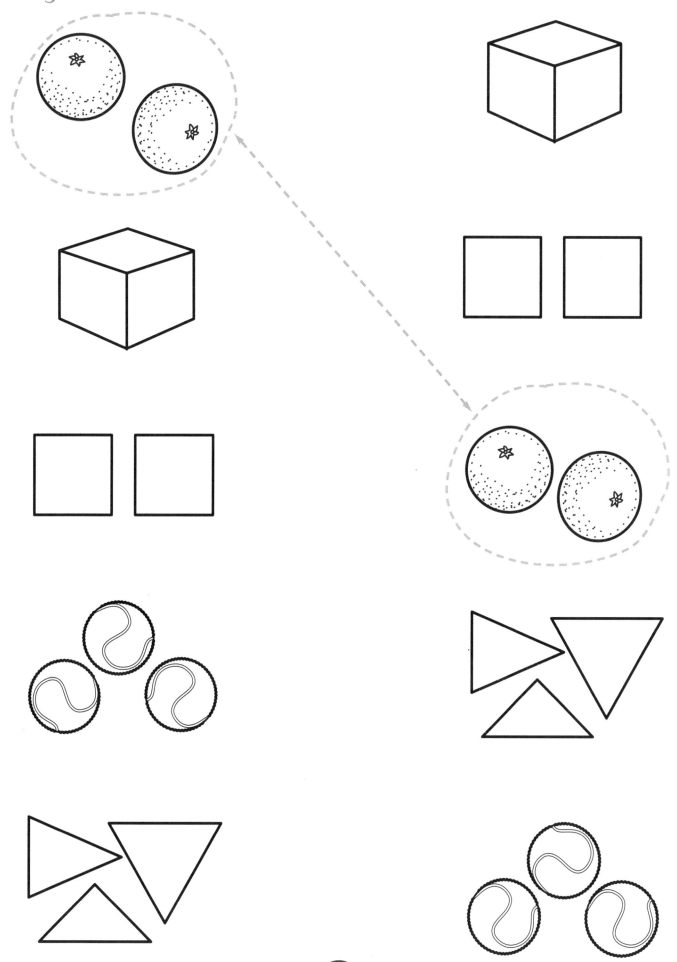

Finish the patterns. Colour, using **two** colours.

(a)

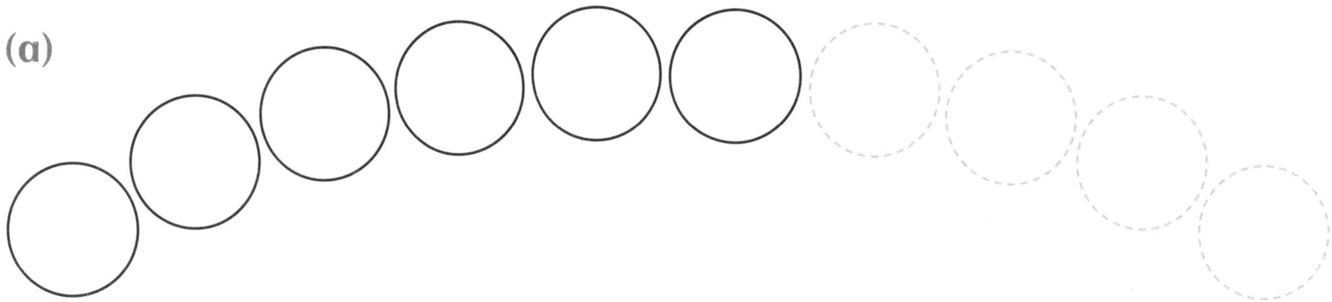

(b)

Add the **missing** shapes. Colour, using **three** colours.

(a)

(b)

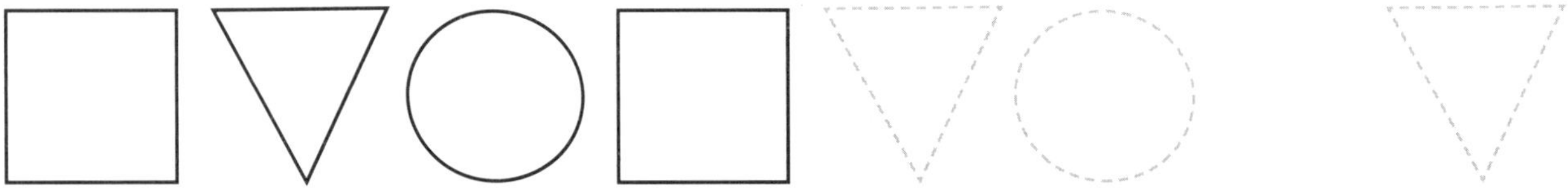

(c)

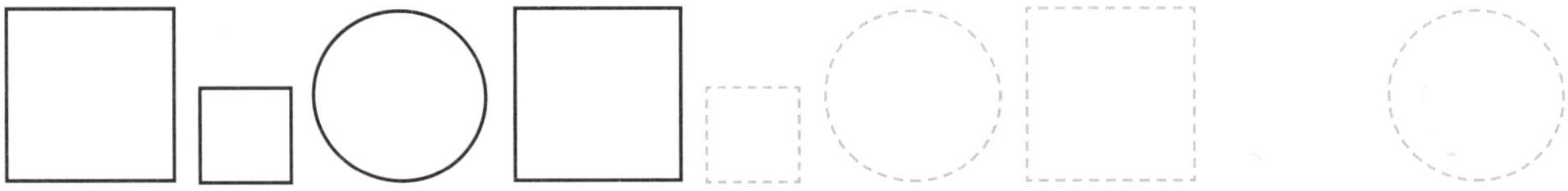

Make your own **pattern**. Colour.

4

Trace. Colour. Write 1.

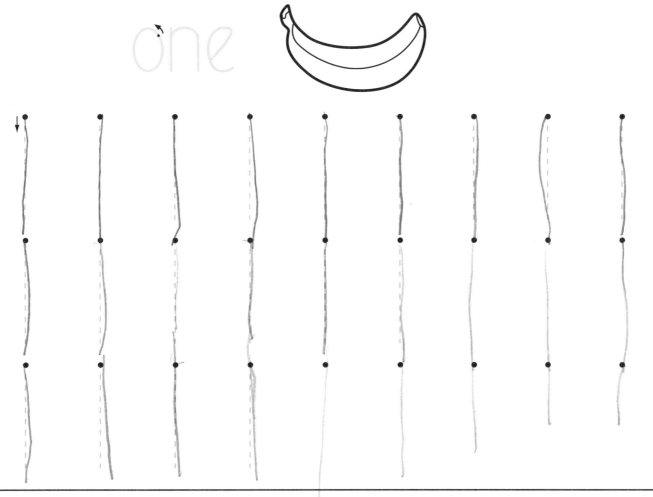

Trace. Colour. Write 2.

Trace. Colour. Write 3.

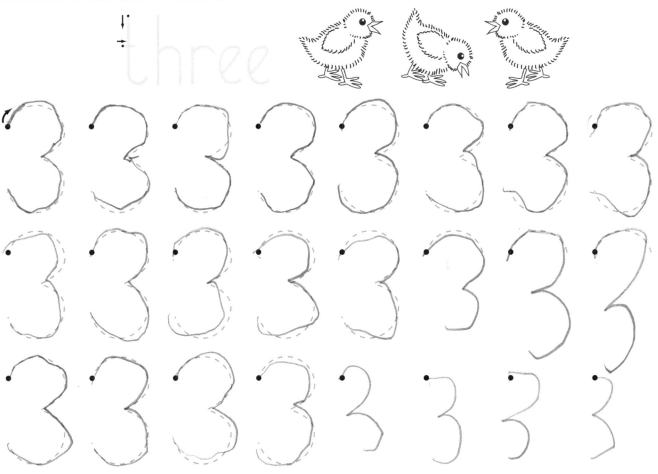

three

Trace. Colour. Write 4.

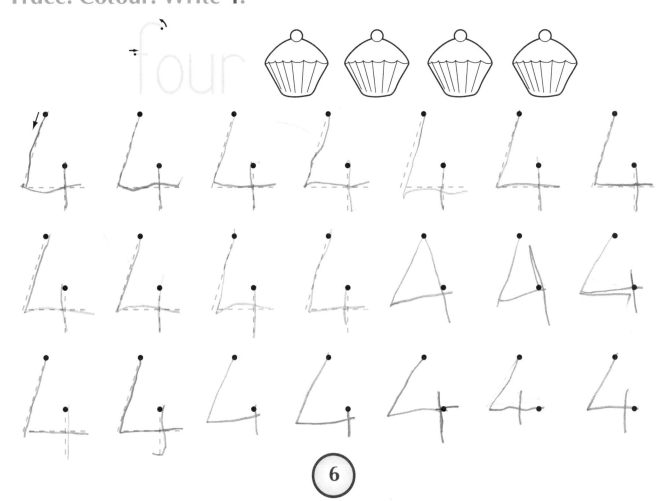

four

Trace. Colour. Write 5.

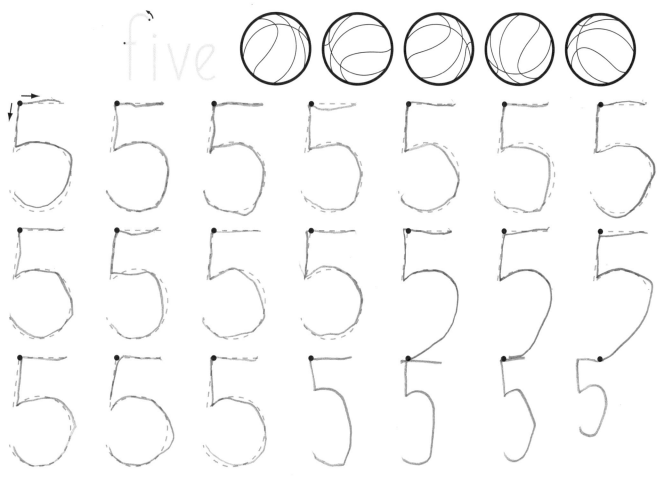

five

Trace. Colour. Write 0.

zero

How many? Write. Colour.

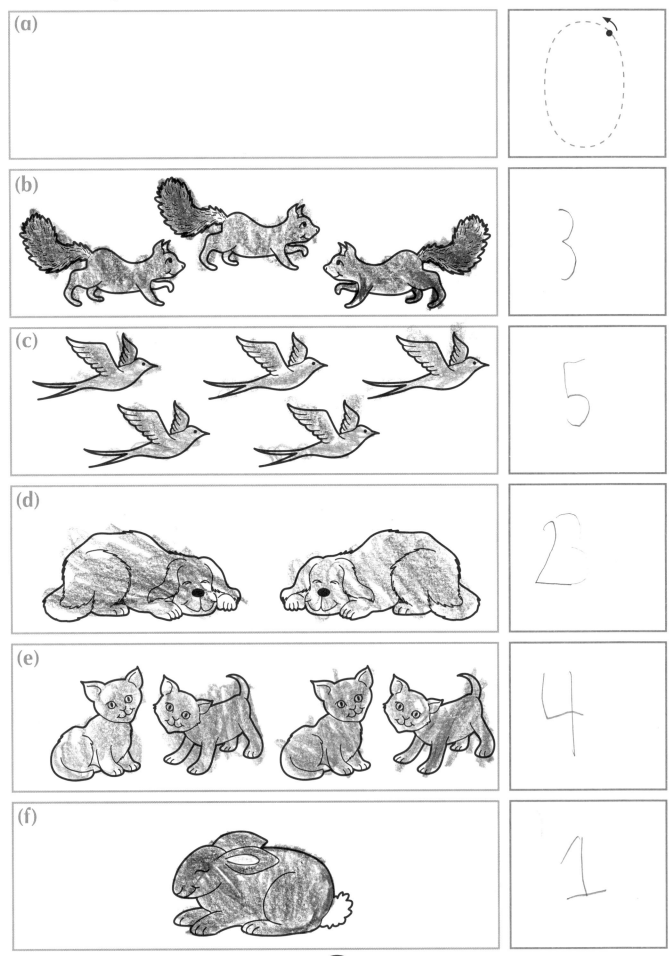

(a)

(b) 3

(c) 5

(d) 2

(e) 4

(f) 1

Draw the correct number of **balls** in each **set**. Colour.

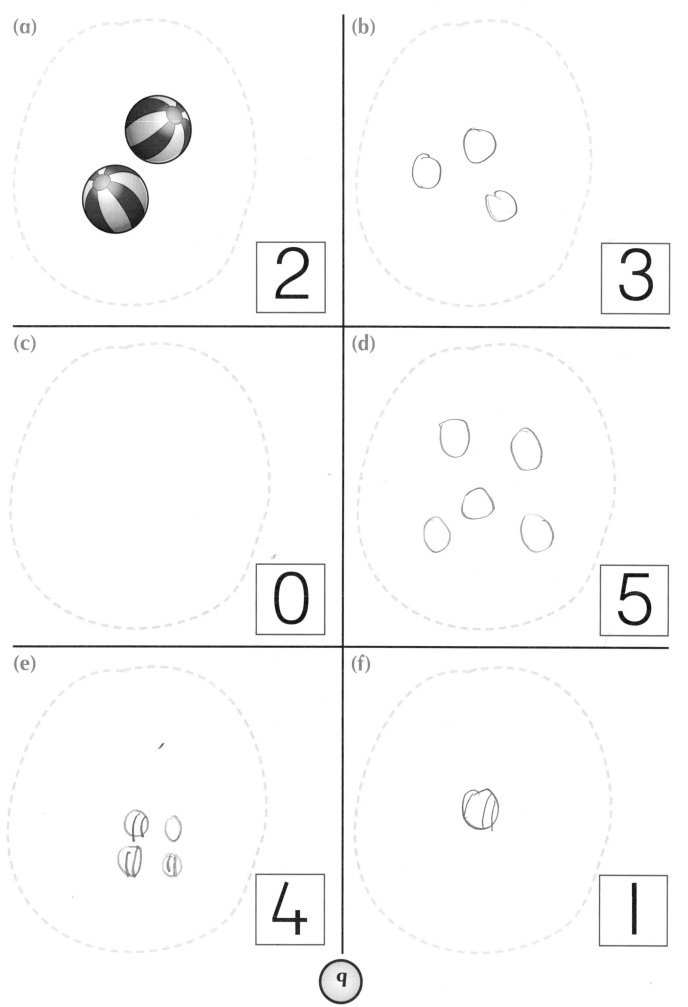

(a)

2

(b)

3

(c)

0

(d)

5

(e)

4

(f)

1

Colour.

taller → blue
shorter → yellow

wider → green
narrower → red

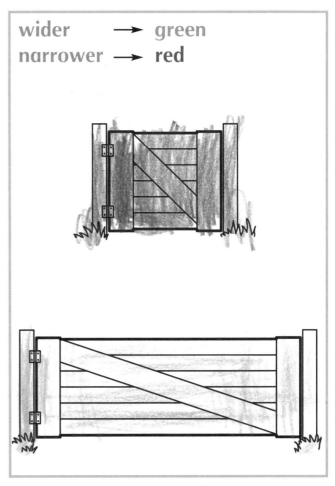

longer → yellow
shorter → green

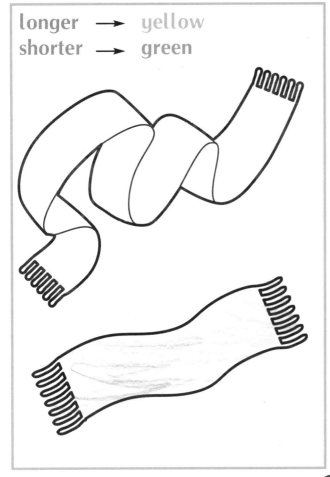

heavier → blue
lighter → red

10

Trace. Write. Colour.

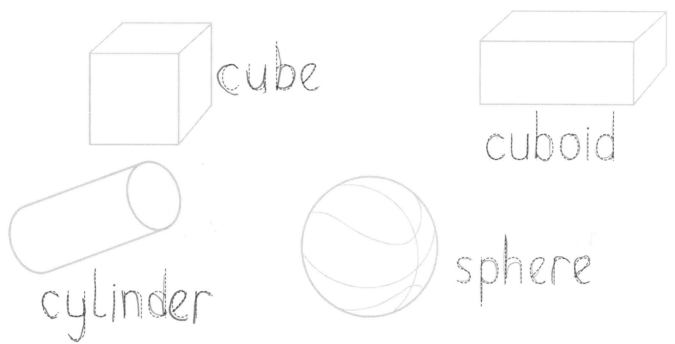

Write the **correct name** under each shape. Colour.

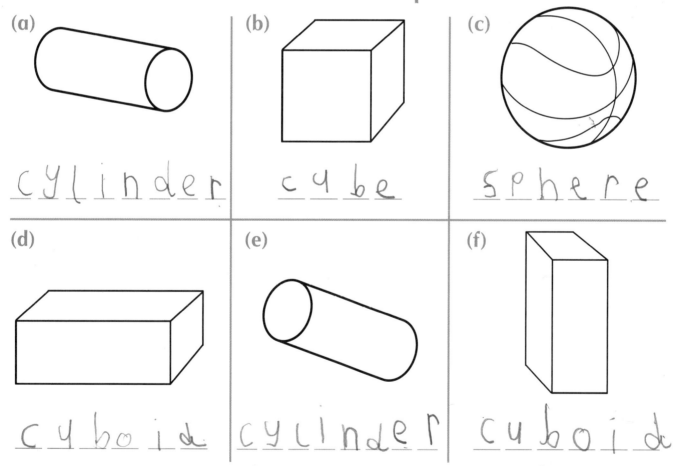

(a) cylinder

(b) cube

(c) sphere

(d) cyboid

(e) cylinder

(f) cuboid

Which shapes can **roll**?

The sphere and the cylinder.

11

Add. Colour.

(a)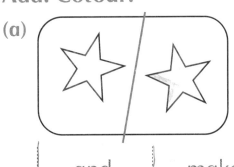

___1___ and ___1___ make 2

(b)

___3___ and ___0___ make 3

(c)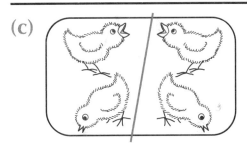

___2___ and ___2___ make 4

(d)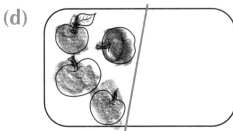

___4___ and ___0___ make 4

(e)

___1___ and ___2___ make 3

(f)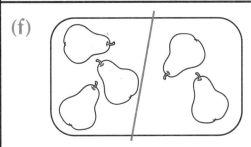

___3___ and ___2___ make 5

(g)

___4___ and ___1___ make 5

(h)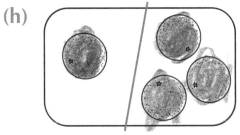

___1___ and ___3___ make 4

(i)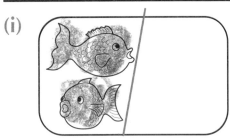

___2___ and ___0___ make 2

(j)

___1___ and ___4___ make 5

Ring. Match. Colour.

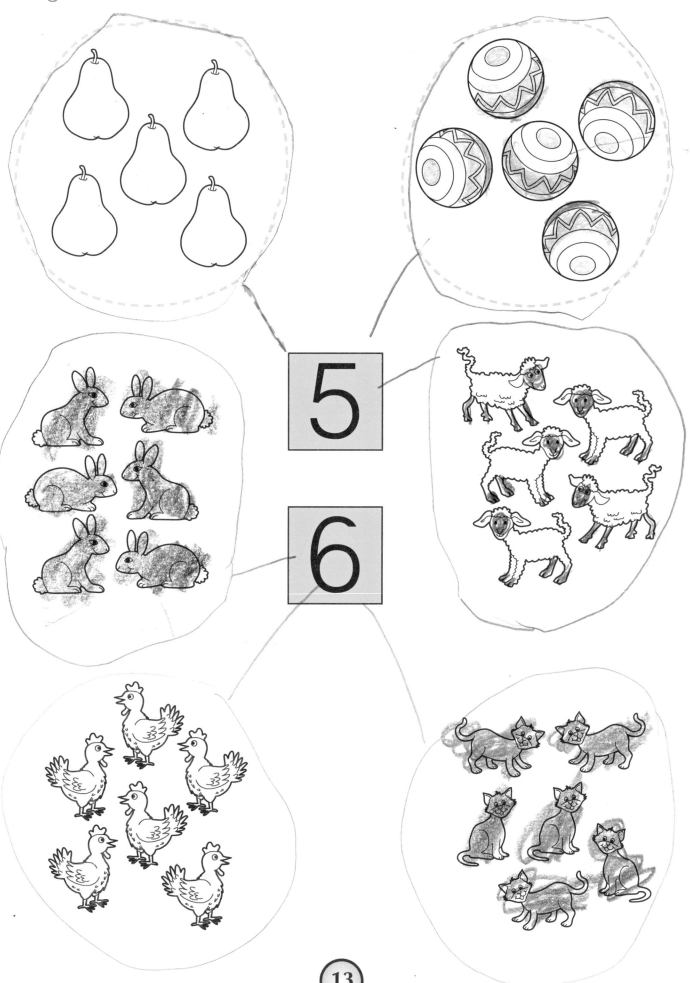

Six apples. Colour. Trace. Write 6.

six

Ring. Match. Colour.

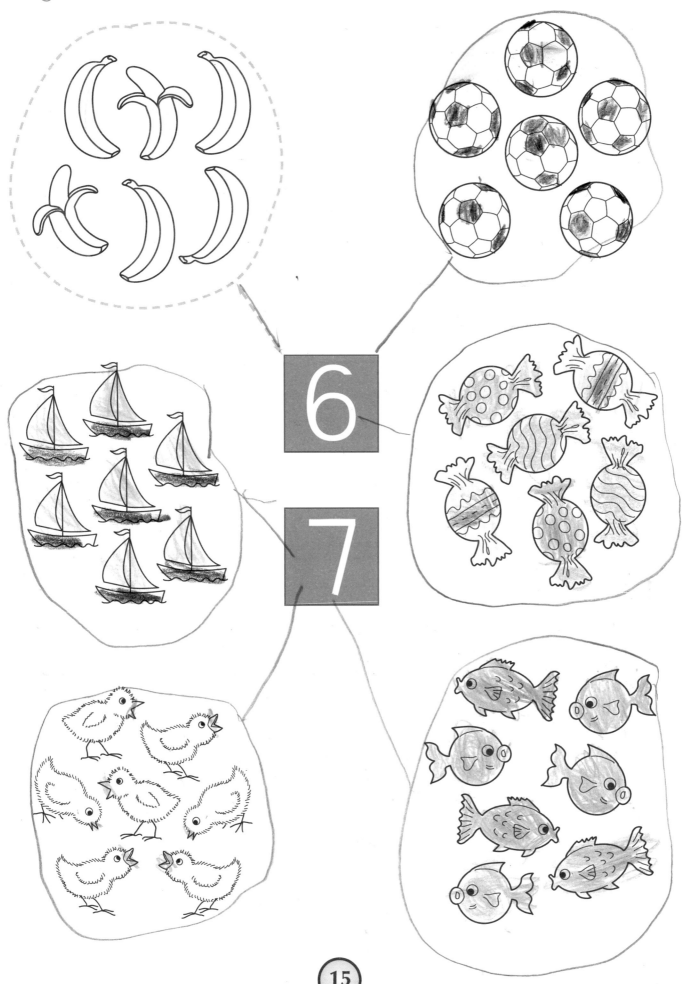

6

7

15

Seven oranges. Colour. Trace. Write 7.

seven

Trace. Write. Colour.

	0	0	0	0	0
(cupcake)	1	1	1	1	1
(cupcakes)	2	2	2	2	2
(cupcakes)	3	3	3	3	3
(cupcakes)	4	4	4	4	4
(cupcakes)	5	5	5	5	5
(cupcakes)	6	6	6	6	6
(cupcakes)	7	7	7	7	7

Colour the **correct** number of **items**.

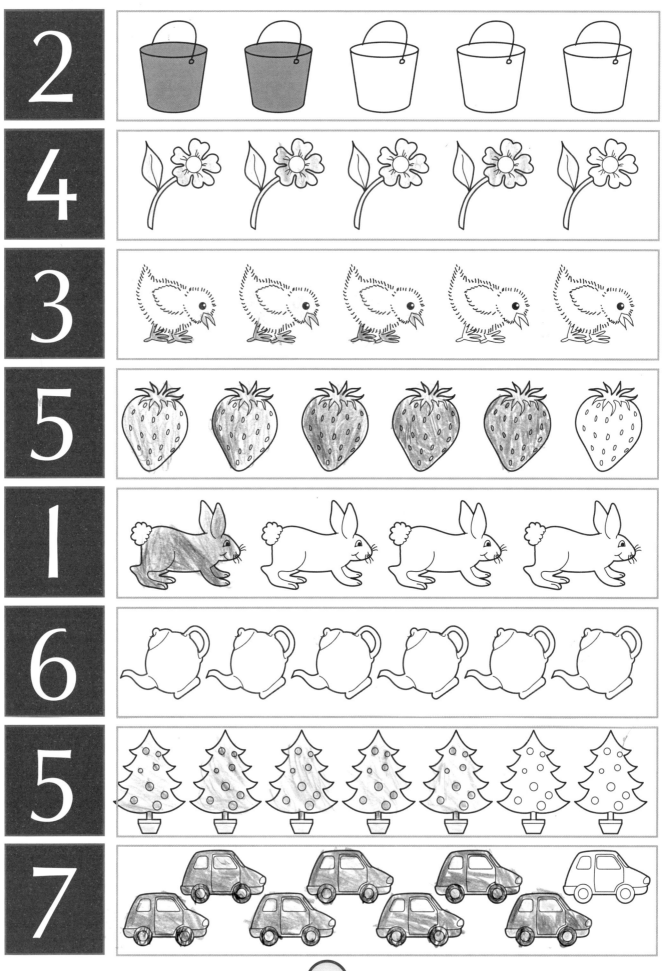

How many? Write. Colour.

1   2  3 4

5 6 7

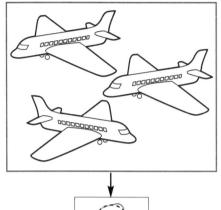

3

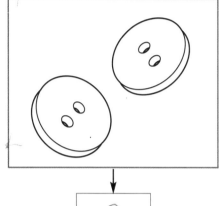

2

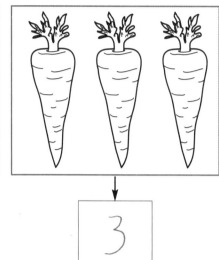

3

4

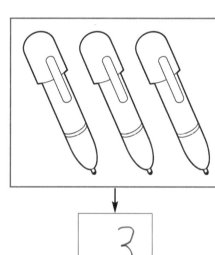

3

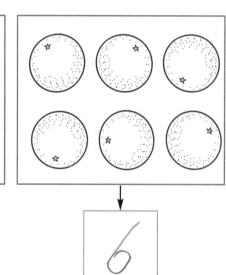

6

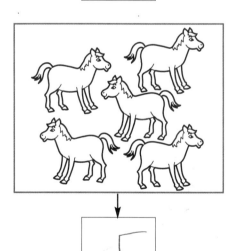

5

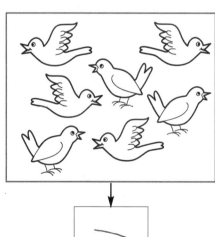

7

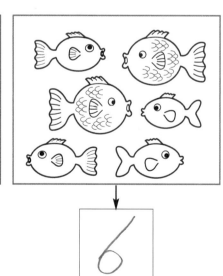

6

19

Add. Draw the **correct** number of **counters**. Colour.

and   can be written as **+** (plus)
make   can be written as **=** (equals)

(a)

 and  make

 2   **+**   2   **=**   4

(b)

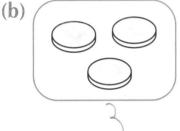 and  make

3   **+**   2   **=**   5

(c)

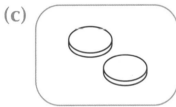 and  make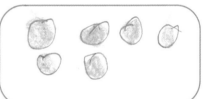

2   **+**   4   **=**   6

(d)

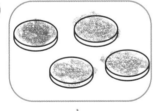 and  make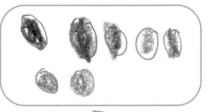

4   **+**   3   **=**   7

(e)

 and  make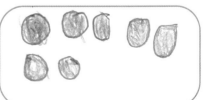

 2   **+**   5   **=**   7

20

Add. Colour.

(a)

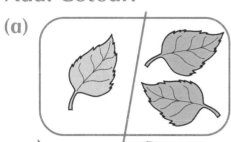

1 + 2 = 3

(b)

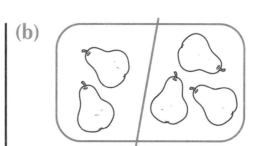

2 + 3 = 5 ✓

(c)

3 + 1 = 4 ✓

(d)

1 + 4 = 5 ✓

(e)

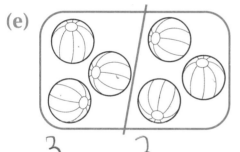

3 + 3 = 6 ✓

(f)

4 + 2 = 6 ✓

(g)

6 + 1 = 7 ✓

(h)

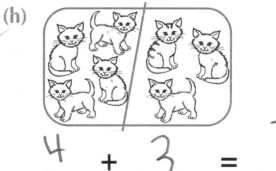

4 + 3 = 7 ✓

(i)

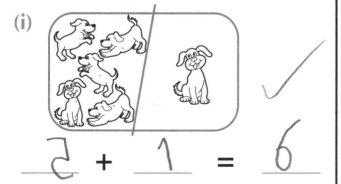

5 + 1 = 6 ✓

(j)

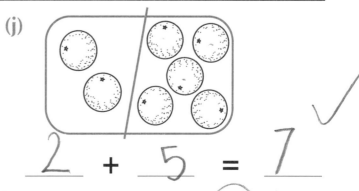

2 + 5 = 7 ✓

Ring. Match. Colour.

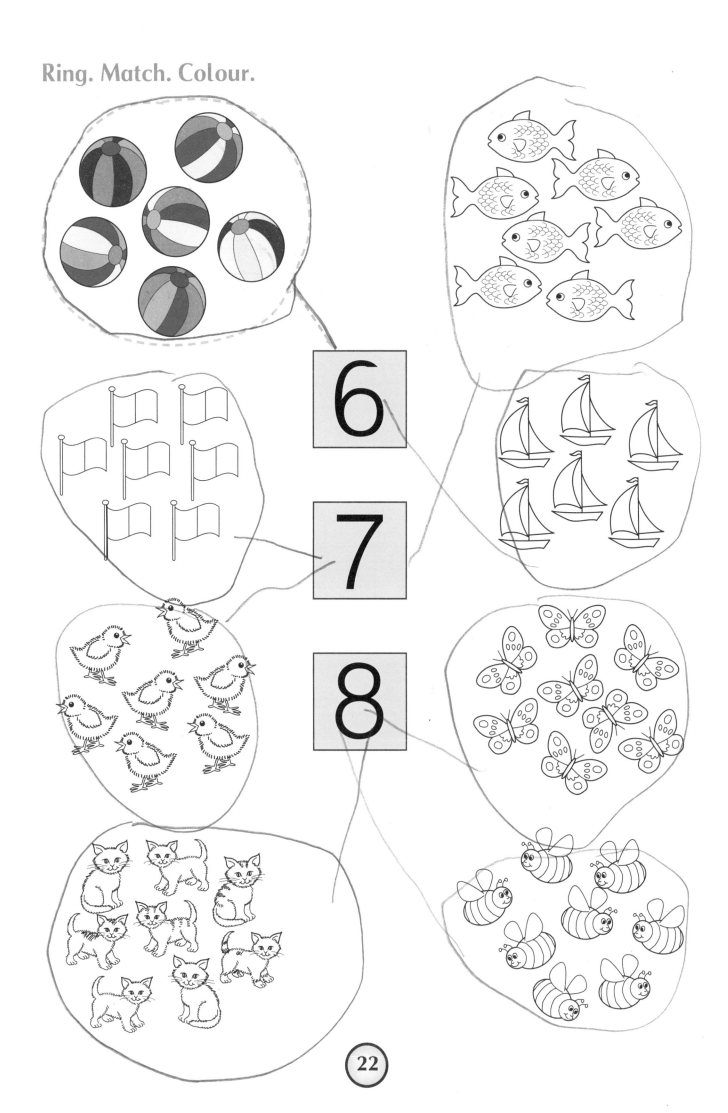

6

7

8

22

Eight leaves. Colour. Trace. Write 8.

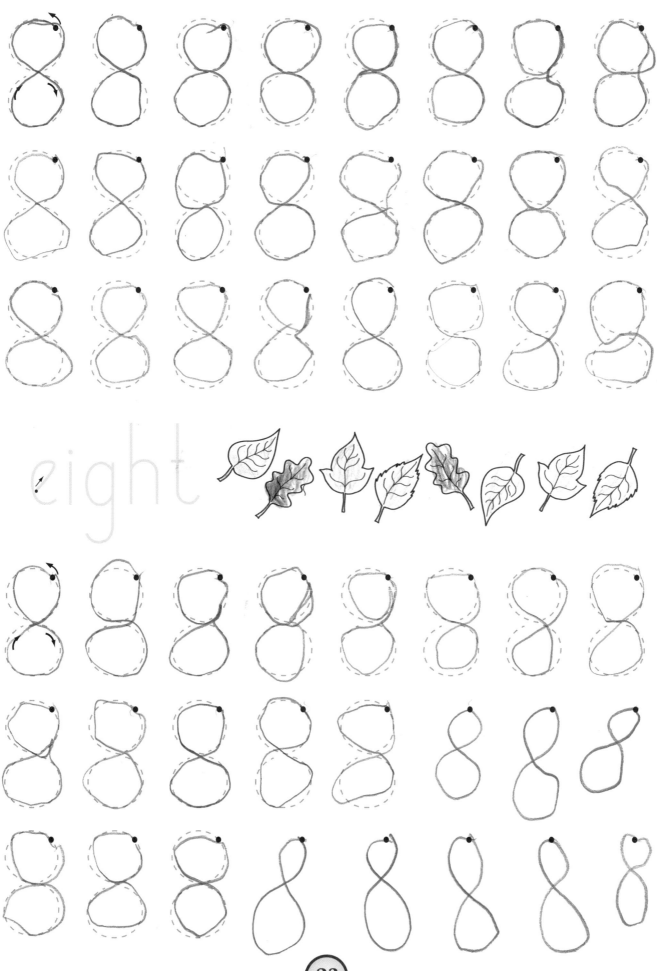

eight

How many? Colour.

(a)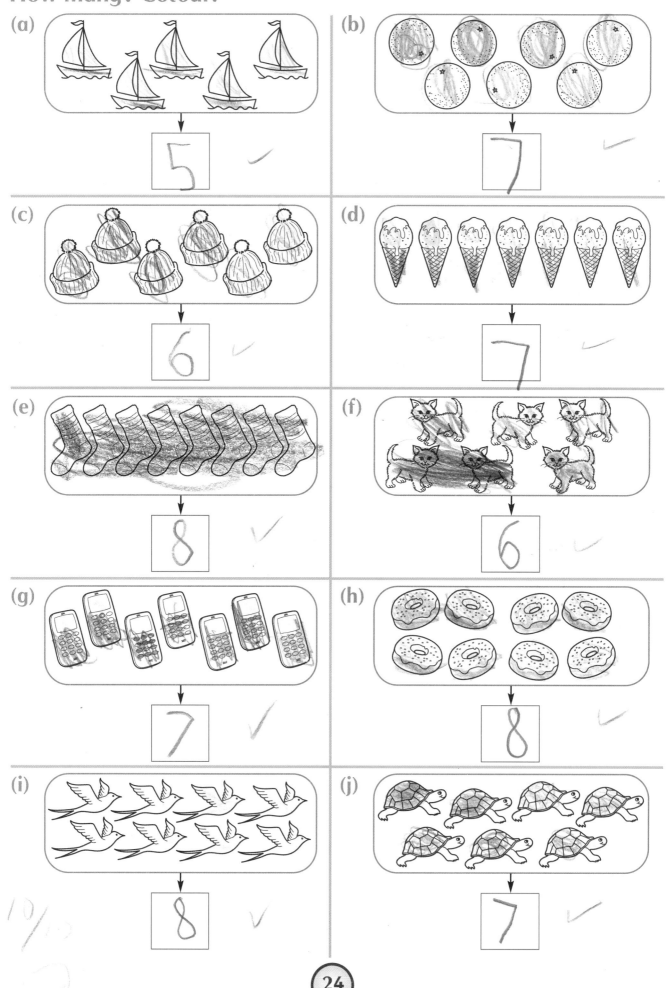
5 ✓

(b)
7 ✓

(c)
6 ✓

(d)
7 ✓

(e)
8 ✓

(f)
6 ✓

(g)
7 ✓

(h)
8 ✓

(i)
8 ✓

(j)
7 ✓

Colour the **buckets** blue.
Colour the **cones** orange.

Colour the **balls** pink.
Colour the **drums** red.

How many?

(a)  5

(b)  6

(c)  7

(d)  4

25

Colour the **shapes.** Trace and write the **words.**

■ blue ● red ▼ green ▬ orange

(a)

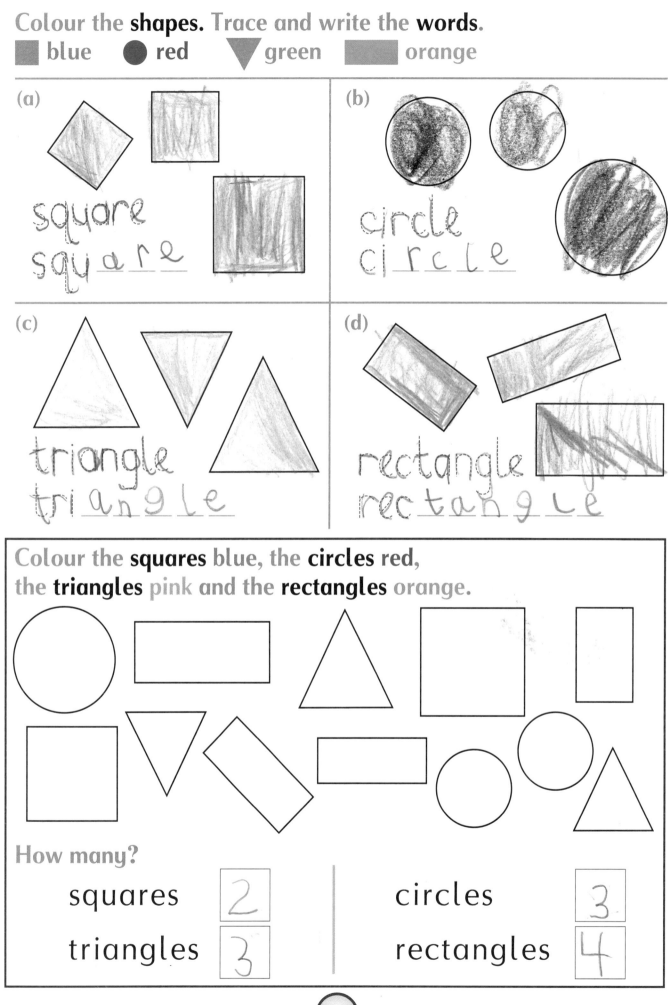

square
squ a r e

(b)

circle
c i r c l e

(c)

triangle
tri a n g l e

(d)

rectangle
rec t a n g l e

Colour the **squares** blue, the **circles** red,
the **triangles** pink and the **rectangles** orange.

How many?

squares	2	circles	3
triangles	3	rectangles	4

Colour the biggest orange. Colour the smallest blue. Write.

(a)

(b)

The car is the _smallest_.
The bus is the _biggest_.

Colour the longest blue. Colour the shortest red. Write.

(a)

 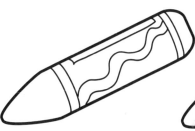 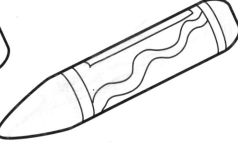

(b)

The skateboard is the _smallest_.
The hurley is the _biggest_.

27

Colour the widest orange. Colour the narrowest blue. Write.

(a)

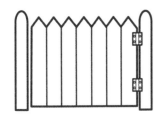 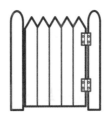 

(b)

The lorry is the W1 d e s t.
The tractor is the n a r r o w e s t.

Colour the lightest blue. Colour the heaviest red. Write.

(a)

(b)

The bird is the L i g h t e s t.
The pig is the h e a v i e s t.

Nine strawberries. Colour. Trace. Write 9.

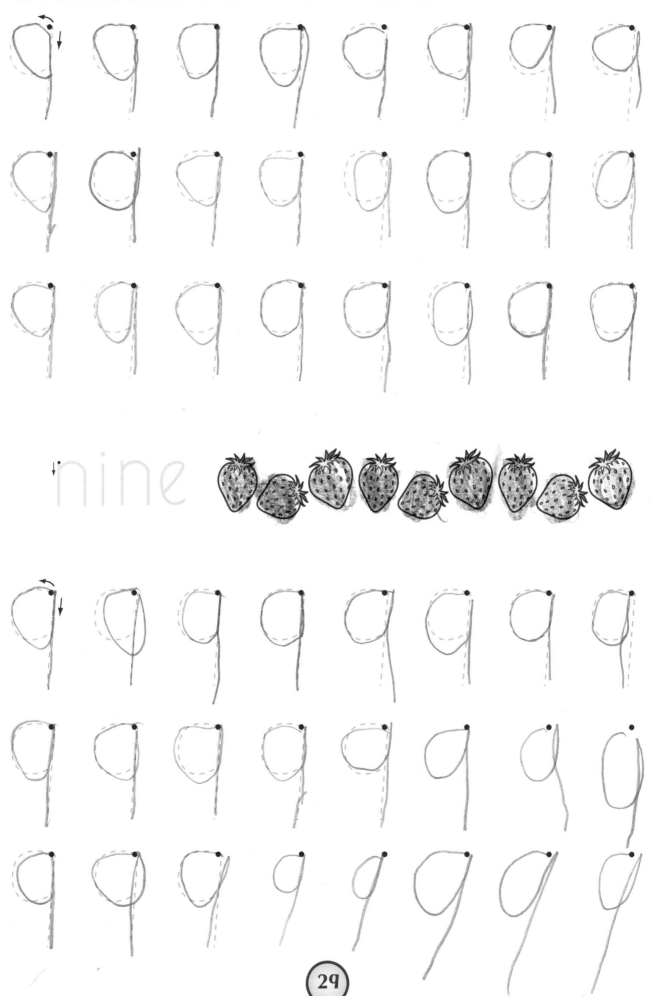

nine

Colour the **correct** number of items.

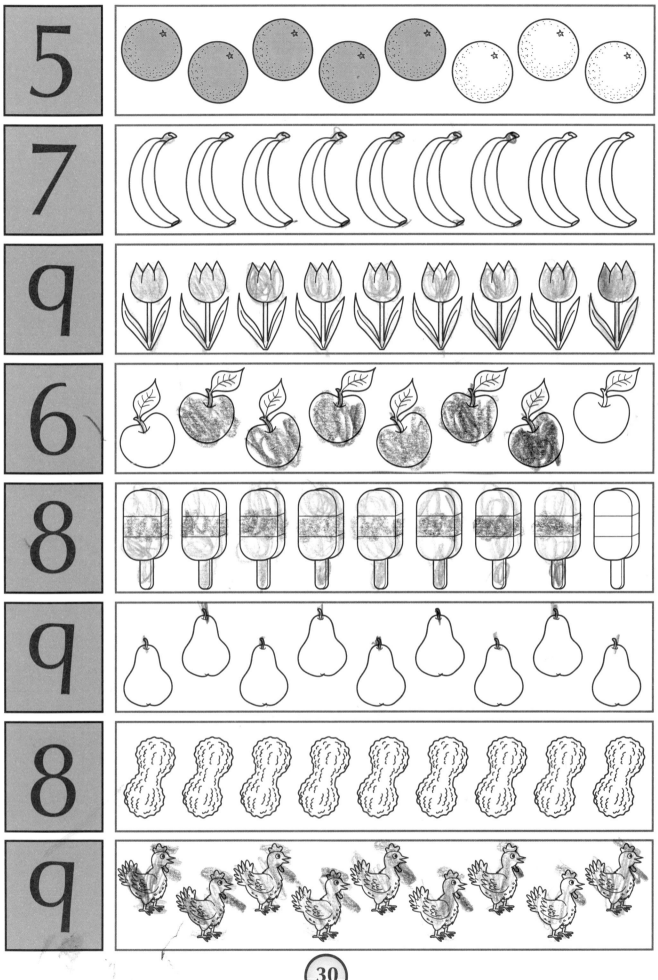

Ring. Match. Colour.

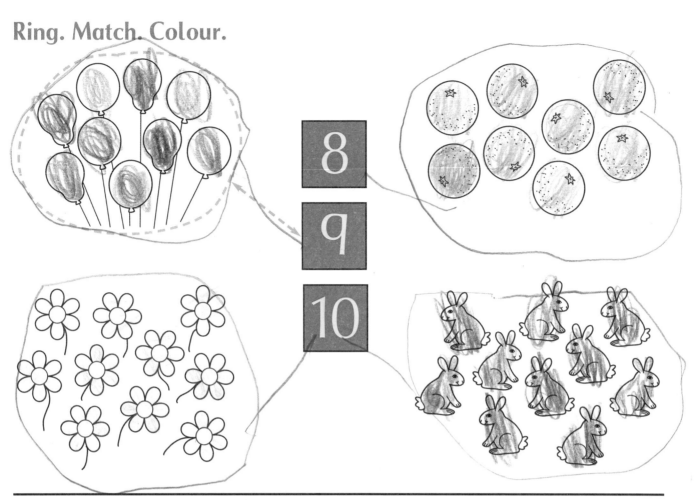

Ten buns. Trace 10. Write 10.

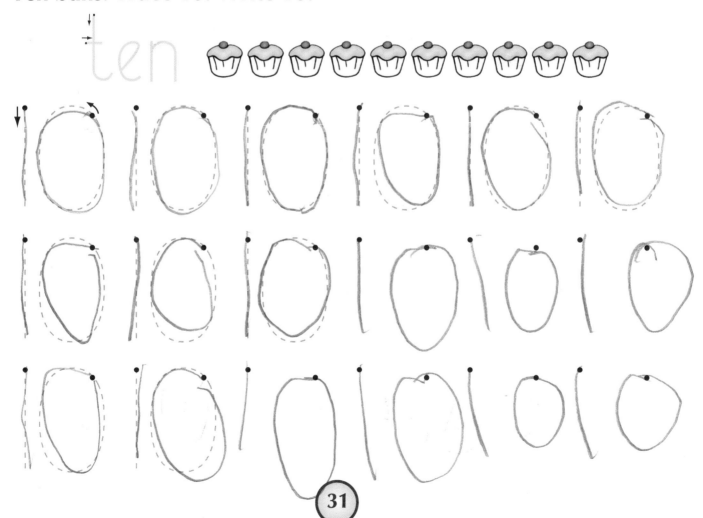

31

Write the **correct word** in each box.

0 zero	1 one	2 two	3 three	4 four	5 five

6 six	7 seven	8 eight	9 nine	10 ten

0	zero	2	two
6	six	9	nine
3	three	5	five
4	four	10	ten
7	seven	8	eight
1	one	0	zero
8	eight	3	three

32

THE SEASONS: Trace. Write. Colour.

1.

spring
sp r i n g

2.

summer
s u m m e r

3.

autumn
au t u m b

4.

winter
wi n t e r

(a) It is cold in w i n t e r.

(b) s p r i n g is the season of new life.

(c) We get warm weather in s u m m e r.

(d) The farmer gathers his crops in a u t u n n.

(e) The season I like best is s u m m e r.

(f) In Ireland Christmas is in the w i n t e r season.

33

ORDINAL NUMBERS: Colour. Write.

| Ann | Tom | Pat | Paul | Joan | Jim | David |

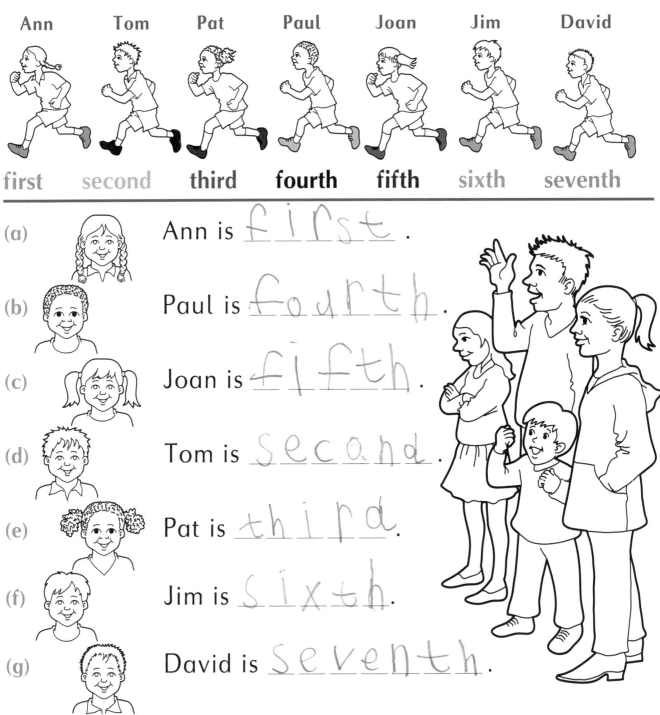

first   second   third   fourth   fifth   sixth   seventh

(a) Ann is _first_ .

(b) Paul is _fourth_ .

(c) Joan is _fifth_ .

(d) Tom is _second_ .

(e) Pat is _third_ .

(f) Jim is _sixth_ .

(g) David is _seventh_ .

(h) Who is second? _tom_

(i) Who is third? _Pat_

(j) Who is fourth? _Paul_

(k) Who is seventh? _David_

(l) Who is fifth? _Joan_

(m) Who is last? _David_

BALANCING: Complete. Colour.

(a)  _3_ **apples** balance the **book**

(b)  _5_ **apples** balance the **turnip**

(c)  _3_ **apples** balance the carrot

(d)  _2_ **apples** balance the orange

(e)  _7_ **apples** balance the pumpkin

(f)  _4_ **apples** balance the **cucumber**

1. The _Pumpkin_ is heaviest.
2. The _Apple_ is lightest of all. (Be careful!)
3. The _orange_ is second lightest.
4. The turnip is second _heaviest_.

Add. Write. Colour.

(a)

6 + 0 = 6

(b)

5 + 1 = 6

(c)

4 + 2 = 6

(d)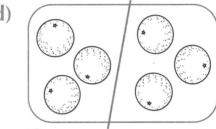

3 + 3 = 6

(e)

2 + 4 = 6

(f)

1 + 5 = 6

STORY OF 6: Complete. Colour.

6 + 0 = 6

5 + 1 = 6

4 + 2 = 6

3 + 3 = 6

2 + 4 = 6

1 + 5 = 6

0 + 6 = 6

Write.

DAYS OF THE WEEK

Sunday	Monday	Tuesday	Wednesday

Thursday	Friday	Saturday

(a) _Sunday_ is the **first** day of the week.
Tuesday is the _third_ day of the week.
Thursday is the **fifth** day of the week.
Saturday is the **last** day of the week.

(b) We come to school on _Monday,_
Tuesday, Wednesday,
Thursday and _Friday._

(c) We do not come to the school
on _Saturday_ or _Sunday_.

(d) The days I like best are _Saturday_ and
Sunday.

(e) How many days are there in a week? _Seven_

(f) Today is _Thursday_.
Yesterday was _Wednesday,_
Tomorrow will be _Friday_ .

(g) I get up early on _every day_
_____, _____, _____.

37

TIME: Trace. Write. Colour.

1.
morning
morning

2.
afternoon
afternoon

3.
evening
evening

4.
night
night

(a) I go to school in the _morning_ .

(b) I come home in the _afternoon_.

(c) I watch television in the _evening_ .

(d) I go to bed at _night_ .

(e) The time of the day I like best is
the _afternoon_.

(f) The time of the day I do not like is
the _night_ .

(g) I eat breakfast in the _morning_ .

(h) The stars come out at _night_ .

Add. Write. Colour.

(a)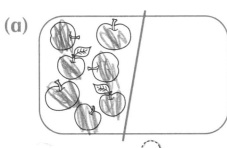

7 + 0 = 7

(b)

6 + 1 = 7

(c)

5 + 2 = 7

(d)

4 + 3 = 7

(e)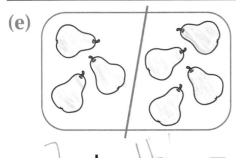

3 + 4 = 7

(f)

2 + 5 = 7

STORY OF 7: Complete. Colour.

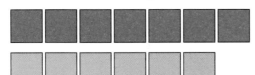

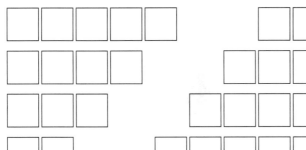
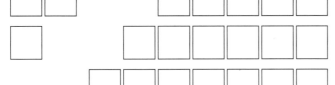

7 + 0 = 7
6 + 1 = 7
5 + 2 = 7
4 + 3 = 7
3 + 4 = 7
2 + 5 = 7
1 + 6 = 7
0 + 7 = 7

39

What time is it?

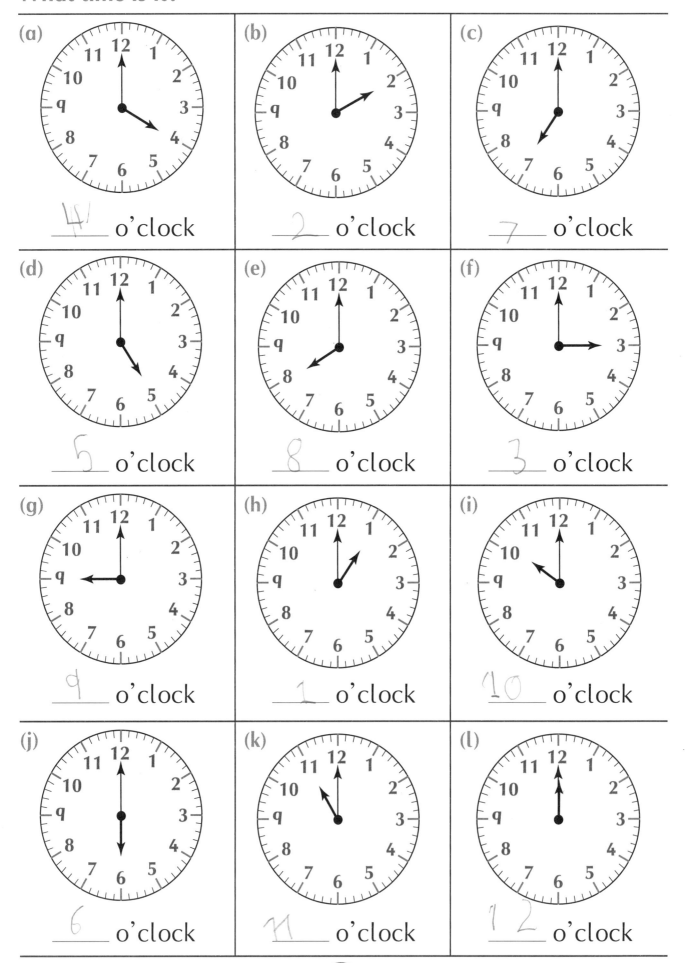

(a) __4__ o'clock

(b) __2__ o'clock

(c) __7__ o'clock

(d) __5__ o'clock

(e) __8__ o'clock

(f) __3__ o'clock

(g) __9__ o'clock

(h) __1__ o'clock

(i) __10__ o'clock

(j) __6__ o'clock

(k) __11__ o'clock

(l) __12__ o'clock

TIME: Draw the **hands** to show the times.

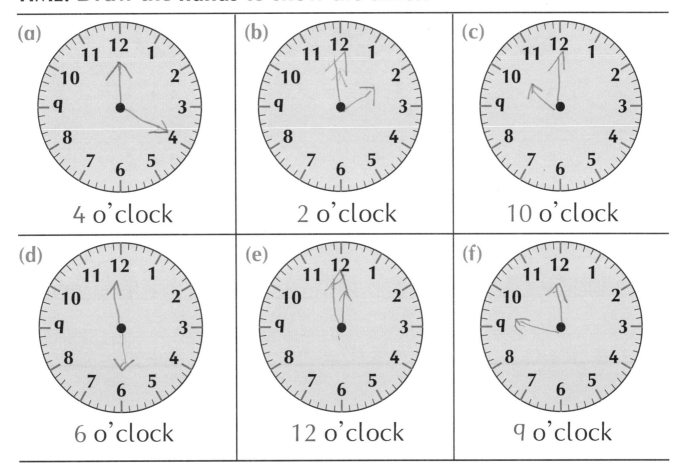

(a) 4 o'clock

(b) 2 o'clock

(c) 10 o'clock

(d) 6 o'clock

(e) 12 o'clock

(f) 9 o'clock

Draw the **hands**. Colour.

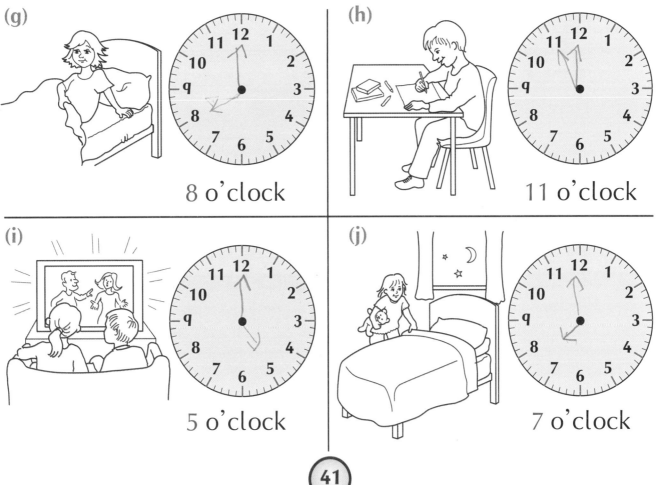

(g) 8 o'clock

(h) 11 o'clock

(i) 5 o'clock

(j) 7 o'clock

Add. Write.

① ② ③ ④ ⑤ ⑥ ⑦ ⑧ ⑨ ⑩

(a) $2 + 3 = 5$ ✓ $3 + 4 = 7$ ✓ $2 + 5 = 7$ ✓

(b) $6 + 2 = 8$ ✓ $1 + 3 = 4$ $3 + 2 = 5$

(c) $2 + 4 = 6$ ✓ $2 + 6 = 8$ ✓ $4 + 4 = 8$ ✓

(d) $5 + 2 = 7$ ✓ $3 + 3 = 6$ ✓ $3 + 5 = 8$ ✓

(e) $4 + 3 = 7$ ✓ $6 + 0 = 6$ ✓ $5 + 3 = 8$ ✓

(f) $3 + 3 = 6$ ✓ $6 + 1 = 7$ ✓ $1 + 7 = 8$ ✓

STORY OF 8: Complete. Colour.

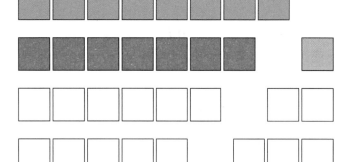

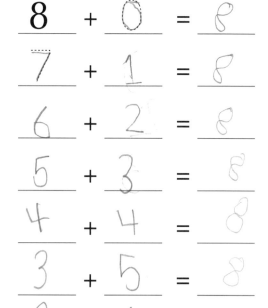

$8 + 0 = 8$

$7 + 1 = 8$

$6 + 2 = 8$

$5 + 3 = 8$

$4 + 4 = 8$

$3 + 5 = 8$

$2 + 6 = 8$

$1 + 7 = 8$

$8 + 0 = 8$

CAPACITY: Trace. Write. Colour.

Colour the **full** items orange. Colour the **empty** items blue.

(a)

full

empty

(b)

empty

full

(c)

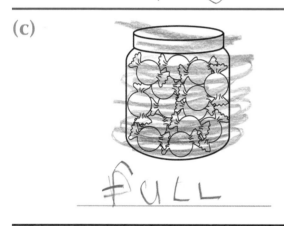

full

empty

Write **full, nearly full** or **empty**.

(a)

full

(b)

empty

(c)

nearly full

CAPACITY: Holds — more, less, same, most, least.

| The **mug** holds the same amount as the **glass**. |

Ring and join the **two containers** you think hold the same amount. Colour.

(a)   It takes 5 glasses to fill the jug.
It takes 5 <u>m u g s</u> to fill the jug.

(b)   It takes 6 cups to fill the saucepan.
It takes 6 <u>c u p s</u> to fill the jug.

(c)   The mug holds <u>more</u> than the cup.
The egg-cup holds <u>less</u> than the jug.

(d)   The saucepan holds the <u>same</u> as the jug.
The jug holds <u>less</u> than the bucket.

(e)   The <u>bucket</u> holds the most.
The <u>egg cup</u> holds the least.

(f)   The <u>jug</u> is best for filling the bucket.
The <u>egg cup</u> is worst for filling the bucket.

Add. Write.

① ② ③ ④ ⑤ ⑥ ⑦ ⑧ ⑨ ⑩

(a) 3 + 4 = _7_   5 + 3 = _8_   6 + 0 = _6_

(b) 5 + 2 = _7_   2 + 6 = _8_   1 + 4 = _5_

(c) 0 + 8 = _8_   8 + 1 = _9_   3 + 4 = _7_

(d) 7 + 2 = _9_   5 + 5 = _10_   6 + 3 = _9_

(e) 4 + 4 = _8_   3 + 6 = _9_   2 + 7 = _9_

(f) 9 + 0 = _9_   1 + 8 = _9_   4 + 5 = _9_

STORY OF 9: Complete. Colour.

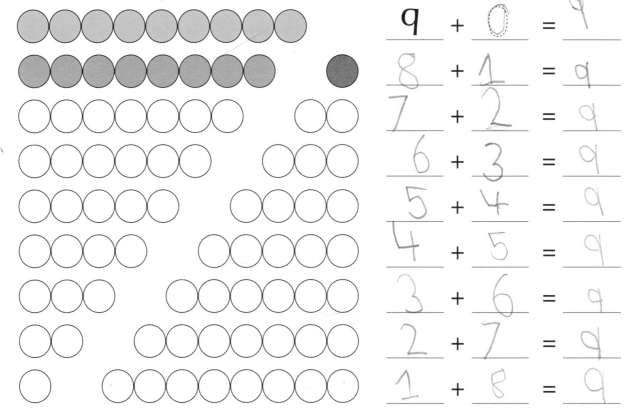

9 + 0 = 9

8 + 1 = 9

7 + 2 = 9

6 + 3 = 9

5 + 4 = 9

4 + 5 = 9

3 + 6 = 9

2 + 7 = 9

1 + 8 = 9

9 + 0 = 9

(45)

Add. Write.

| 1 | 2 | 3 | 4 | 5 | 6 | 7 | 8 | 9 | 10 |

(a) $2 + 3 + 3 =$ _8_ $4 + 1 + 2 =$ _7_

(b) $3 + 2 + 2 =$ _7_ $5 + 2 + 1 =$ _8_

(c) $4 + 3 + 2 =$ _9_ $3 + 3 + 3 =$ _9_

(d) $2 + 6 + 2 =$ _10_ $6 + 1 + 2 =$ _9_

(e) $5 + 3 + 2 =$ _10_ $4 + 2 + 4 =$ _10_

(f) $5 + 0 + 4 =$ _9_ $1 + 7 + 2 =$ _10_

STORY OF 10: Complete. Colour.

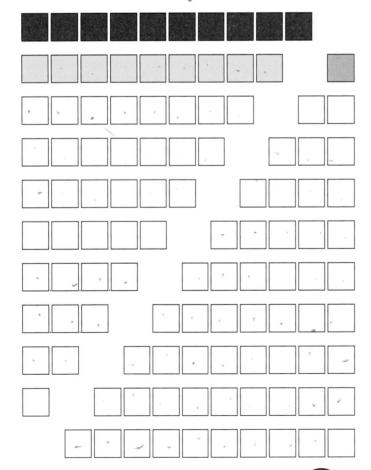

$10 + 0 = 10$

$9 + 1 = 10$

$8 + 2 = 10$

$7 + 3 = 10$

$6 + 4 = 10$

$5 + 5 = 10$

$4 + 6 = 10$

$3 + 7 = 10$

$2 + 8 = 10$

$1 + 9 = 10$

$10 + 0 = 10$

MONEY: Match the **coins**. Colour.

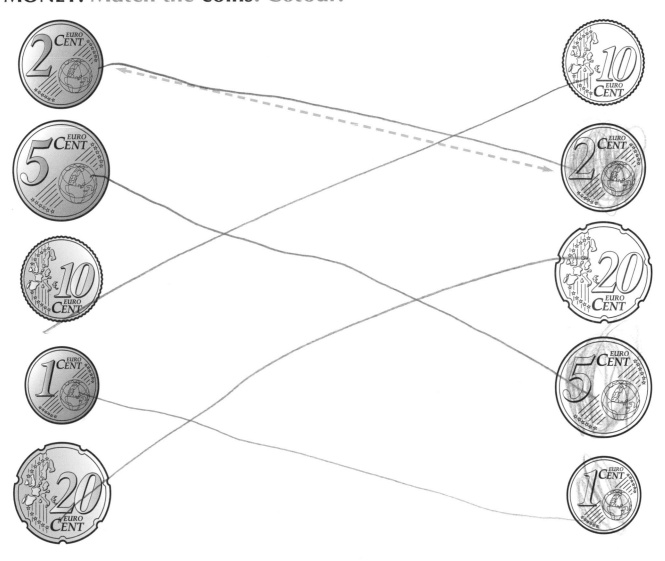

How much **money** is there in each **purse**?

(a)

4 **c**

(b)

6 **c**

(c)

7 **c**

(d)

9 **c**

47

THE SHOP

How much money did each person spend?

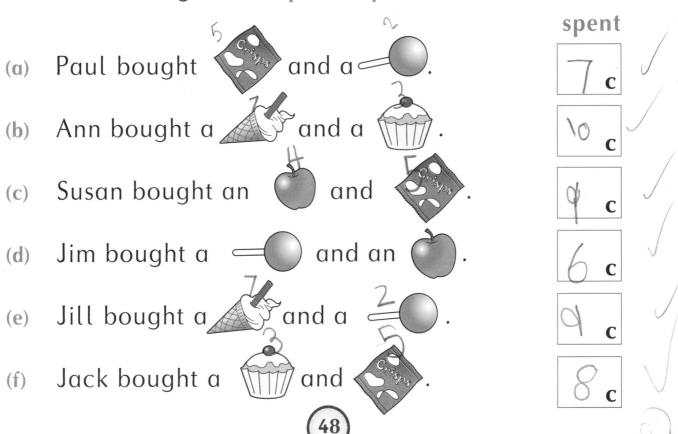

		spent
(a)	Paul bought [crisps] and a [lollipop].	7 c ✓
(b)	Ann bought a [ice cream] and a [cupcake].	10 c ✓
(c)	Susan bought an [apple] and [crisps].	9 c ✓
(d)	Jim bought a [lollipop] and an [apple].	6 c ✓
(e)	Jill bought a [ice cream] and a [lollipop].	9 c ✓
(f)	Jack bought a [cupcake] and [crisps].	8 c ✓

How much **money** is there in each **piggy bank**?

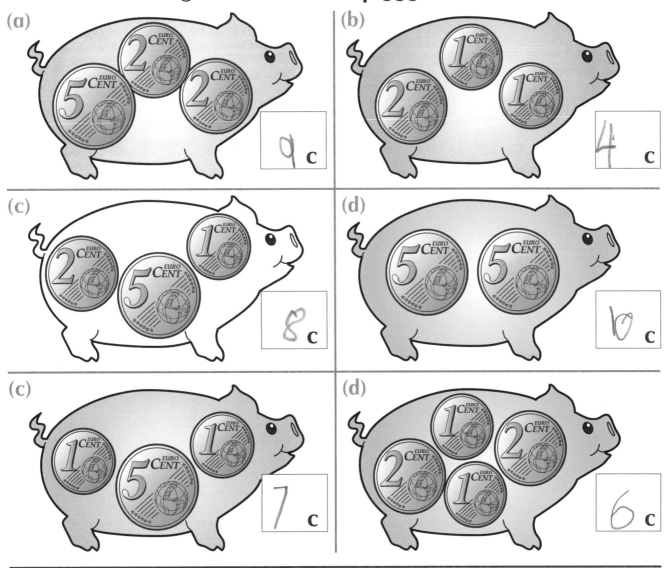

(a) 9 c

(b) 4 c

(c) 8 c

(d) 0 c

(c) 7 c

(d) 6 c

Make 7c in **four** different ways.

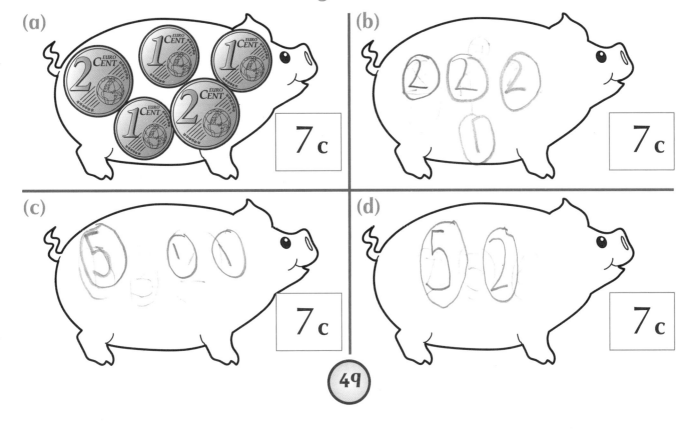

(a) 7c

(b) 7c

(c) 7c

(d) 7c

LENGTH: WIDTH: Widest. Narrowest.

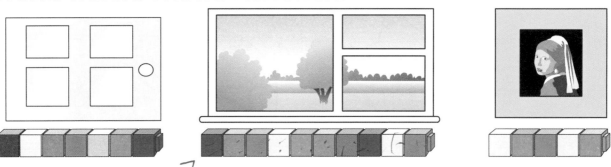

(a) The **door** is __7__ cubes wide.

(b) The **window** is __10__ cubes wide.

(c) The **picture** is __5__ cubes wide.

(d) The __window__ is the widest.

(e) The __picture__ is the narrowest.

Longest. Shortest.

(a)

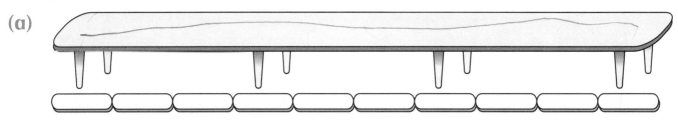

The table is __10__ lollipop sticks long.

(b)

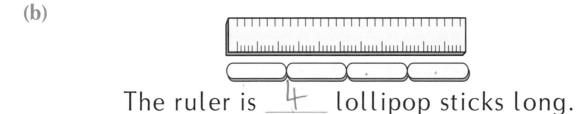

The ruler is __4__ lollipop sticks long.

(c)

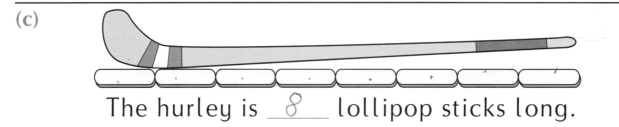

The hurley is __8__ lollipop sticks long.

1. The __table__ is the longest.

2. The __ruler__ is the shortest.

3. The __ruler__ is shorter than the hurley.

Finish the patterns. Colour.

Add.

1 2 3 4 5 6 7 8 9 10

(a) 4 + 3 = 7   2 + 6 = _____   3 + 2 = _____

(b) 5 + 1 = 6   4 + 4 = _____   7 + 0 = _____

(c) 6 + 3 = 9   0 + 8 = _____   2 + 7 = _____

(d) 5 + 5 = 10   8 + 1 = _____   6 + 4 = _____

(e) 1 + 7 = 8   2 + 8 = _____   4 + 5 = _____

(f) 3 + 7 = 10   3 + 3 = _____   1 + 9 = _____

(g) 5 + 4 = 9   7 + 3 = _____   3 + 5 = _____

1 2 3 4 5 6 7 8 9 10

(a) 2 + 3 + 1 = _____   4 + 1 + 3 = _____

(b) 5 + 0 + 2 = _____   3 + 4 + 2 = _____

(c) 6 + 4 + 0 = _____   5 + 3 + 1 = _____

(d) 2 + 5 + 1 = _____   2 + 3 + 5 = _____

(e) 7 + 1 + 2 = _____   2 + 6 + 1 = _____

(f) 3 + 3 + 4 = _____   1 + 5 + 2 = _____

(g) 1 + 4 + 5 = _____   3 + 3 + 3 = _____

Write the **correct** word. Colour.
below, above, near, far, under, left, right, behind.

(a)

The helicopter is
_ _ _ _ _ _ the van.

(b)

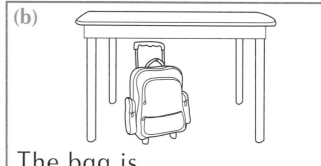

The bag is _ _ _ _ _ _
the table.

(c)

The driver is standing
_ _ _ _ _ the truck.

(d)

The rainbow is _ _ _ _
away.

(e)

The tree is to the
_ _ _ _ _ _ of the house.

(f)

Kim is standing to the
_ _ _ _ _ of the group.

(g)

The teacher is standing
_ _ _ _ _ _ _ Ann.

(h)

The man is _ _ _ _ _ _ _
in the trench.

Add.

(a)
$$\begin{array}{r} 4 \\ +\ 2 \\ \hline \end{array}$$
$$\begin{array}{r} 5 \\ +\ 3 \\ \hline \end{array}$$
$$\begin{array}{r} 3 \\ +\ 4 \\ \hline \end{array}$$
$$\begin{array}{r} 2 \\ +\ 7 \\ \hline \end{array}$$
$$\begin{array}{r} 1 \\ +\ 5 \\ \hline \end{array}$$
$$\begin{array}{r} 4 \\ +\ 4 \\ \hline \end{array}$$
$$\begin{array}{r} 7 \\ +\ 0 \\ \hline \end{array}$$

(b)
$$\begin{array}{r} 3 \\ +\ 6 \\ \hline \end{array}$$
$$\begin{array}{r} 4 \\ +\ 3 \\ \hline \end{array}$$
$$\begin{array}{r} 5 \\ +\ 4 \\ \hline \end{array}$$
$$\begin{array}{r} 2 \\ +\ 5 \\ \hline \end{array}$$
$$\begin{array}{r} 3 \\ +\ 2 \\ \hline \end{array}$$
$$\begin{array}{r} 1 \\ +\ 8 \\ \hline \end{array}$$
$$\begin{array}{r} 6 \\ +\ 1 \\ \hline \end{array}$$

(c)
$$\begin{array}{r} 5 \\ +\ 5 \\ \hline \end{array}$$
$$\begin{array}{r} 2 \\ +\ 6 \\ \hline \end{array}$$
$$\begin{array}{r} 6 \\ +\ 4 \\ \hline \end{array}$$
$$\begin{array}{r} 7 \\ +\ 2 \\ \hline \end{array}$$
$$\begin{array}{r} 3 \\ +\ 7 \\ \hline \end{array}$$
$$\begin{array}{r} 8 \\ +\ 2 \\ \hline \end{array}$$
$$\begin{array}{r} 3 \\ +\ 3 \\ \hline \end{array}$$

---

1 2 3 4 5 6 7 8 9 10

(a)
$$\begin{array}{r} 2 \\ 2 \\ +\ 1 \\ \hline \end{array}$$
$$\begin{array}{r} 3 \\ 1 \\ +\ 2 \\ \hline \end{array}$$
$$\begin{array}{r} 2 \\ 3 \\ +\ 3 \\ \hline \end{array}$$
$$\begin{array}{r} 1 \\ 4 \\ +\ 2 \\ \hline \end{array}$$
$$\begin{array}{r} 3 \\ 3 \\ +\ 3 \\ \hline \end{array}$$
$$\begin{array}{r} 1 \\ 6 \\ +\ 1 \\ \hline \end{array}$$
$$\begin{array}{r} 2 \\ 5 \\ +\ 2 \\ \hline \end{array}$$

(b)
$$\begin{array}{r} 4 \\ 4 \\ +\ 1 \\ \hline \end{array}$$
$$\begin{array}{r} 6 \\ 3 \\ +\ 1 \\ \hline \end{array}$$
$$\begin{array}{r} 4 \\ 2 \\ +\ 3 \\ \hline \end{array}$$
$$\begin{array}{r} 5 \\ 0 \\ +\ 5 \\ \hline \end{array}$$
$$\begin{array}{r} 4 \\ 1 \\ +\ 4 \\ \hline \end{array}$$
$$\begin{array}{r} 2 \\ 6 \\ +\ 2 \\ \hline \end{array}$$
$$\begin{array}{r} 7 \\ 2 \\ +\ 1 \\ \hline \end{array}$$

(c)
$$\begin{array}{r} 3 \\ 1 \\ +\ 5 \\ \hline \end{array}$$
$$\begin{array}{r} 4 \\ 6 \\ +\ 0 \\ \hline \end{array}$$
$$\begin{array}{r} 1 \\ 2 \\ +\ 5 \\ \hline \end{array}$$
$$\begin{array}{r} 3 \\ 3 \\ +\ 4 \\ \hline \end{array}$$
$$\begin{array}{r} 1 \\ 6 \\ +\ 2 \\ \hline \end{array}$$
$$\begin{array}{r} 0 \\ 3 \\ +\ 7 \\ \hline \end{array}$$
$$\begin{array}{r} 2 \\ 5 \\ +\ 3 \\ \hline \end{array}$$

Complete. Write. Colour. (more than, less than)

(a)

①②③④⑤⑥⑦⑧⑨

①②③

9 is _____ **more** than 3.

3 is _____ **less** than 9.

(b)

There are _____ **more** oranges than apples.

There are _____ **less** _ _ _ _ _ _ _ than oranges.

(c)

There are _____ **more** shoes than socks.

There are _____ **less** _ _ _ _ _ _ than shoes.

(d)

There are _____ **more** lambs than cats.

There are _____ **less** cats than _ _ _ _ _ _ .

(e)

| 1 | 2 | 3 | 4 | 5 | 6 | 7 | 8 | 9 | 10 |

7 is **more** than 5 by _____.

8 is **more** than 3 by _____.

2 is **less** than 5 by _____.

5 is **less** than 9 by _____.

55

How many? Colour. Draw.

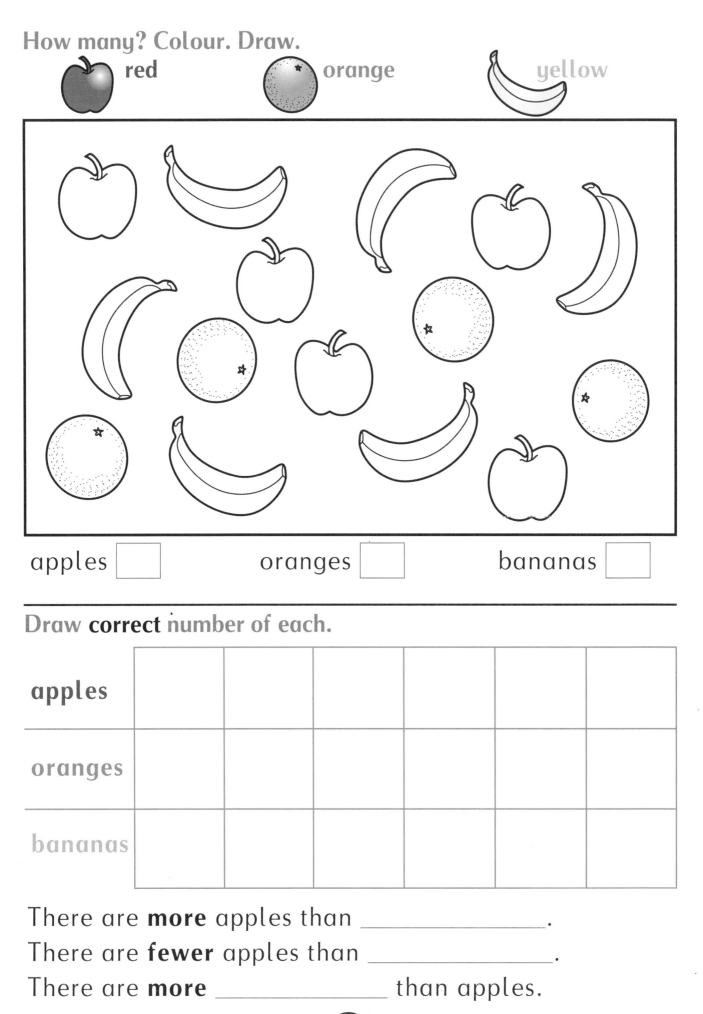

red   orange   yellow

apples [ ]   oranges [ ]   bananas [ ]

Draw correct number of each.

apples					
oranges					
bananas					

There are **more** apples than _____.

There are **fewer** apples than _____.

There are **more** _____ than apples.

56

Complete. Colour.

(a)

There are **7** players on a team. **3** are boys.

How many are girls? _____

Colour **one** box for each **boy** green.
Colour **one** box for each **girl** blue.

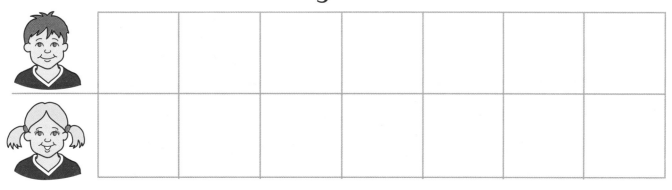

(b) There are **10** birds (hens and ducks) on a farm.
4 are hens. How many are ducks? _____

Colour **one** box for each **hen brown**.
Colour **one** box for each **duck** yellow.

Complete. Colour.

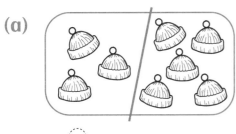

(a)

_3_ + _____ = 8

(b)

_____ + _____ = _____

(c)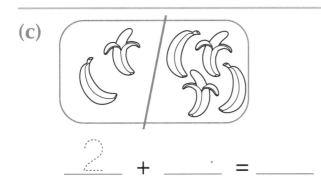

_2_ + _____ = _____

(d)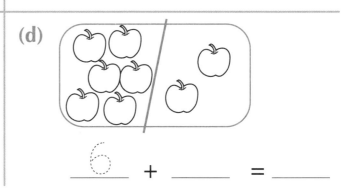

_6_ + _____ = _____

Complete.

(e) 8 + 1 = _____

(f) 3 + 7 = _____

(g) 4 + 5 = _____

(h) 2 + 6 = _____

(i) 1 + 5 = _____

(j) 5 + 5 = _____

(k) 6 + 2 = _____

(l) 3 + 6 = _____

(m) 5 + 2 = _____

(n) 2 + 7 = _____

(o) 6 + 4 = _____

(p) 7 + 3 = _____

(q) 6 + 3 = _____

(r) 10 + 0 = _____

(s) 5 + 3 = _____

(t) 9 + 1 = _____

How much? Add. Colour.

AT THE SHOP

(a)

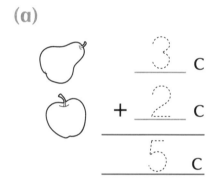

_____ 3 c
+ _____ 2 c
_____ 5 c

(b)

_____ c
+ _____ c
_____

(c)

_____ c
+ _____ c
_____

(d)

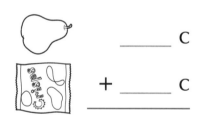

_____ c
+ _____ c
_____

(e)

_____ c
+ _____ c
_____

(f)

_____ c
+ _____ c
_____

(g)

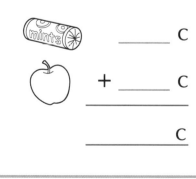

_____ c
+ _____ c
_____ c

(h)

_____ c
+ _____ c
_____

(i)

_____ c
+ _____ c
_____

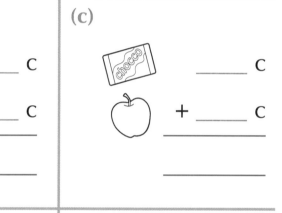
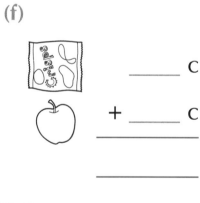
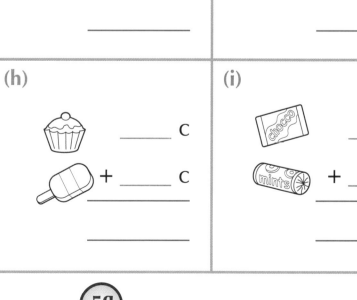

59

Add. Colour the **snake**.

(1)(2)(3)(4)(5)(6)(7)(8)(9)(10)

(a)
$2 + 3 + 4 =$ _____

$4 + 1 + 3 =$ _____

$5 + 0 + 4 =$ _____

$1 + 3 + 2 =$ _____

$2 + 0 + 5 =$ _____

(b)
$4 + 1 + 2 =$ _____

$2 + 3 + 3 =$ _____

$4 + 0 + 3 =$ _____

$2 + 1 + 5 =$ _____

$6 + 0 + 3 =$ _____

(c)
$5 + 1 + 3 =$ _____

$2 + 0 + 6 =$

$3 + 4 + 3 =$ _____

$5 + 0 + 3 =$ _____

$7 + 2 + 0 =$ _____

(d)
$4 + 4 + 2 =$ _____

$3 + 1 + 5 =$ _____

$2 + 3 + 5 =$ _____

$4 + 2 + 3 =$ _____

$7 + 0 + 3 =$ _____

(e)
$4 + 2 + 4 =$ _____

$8 + 2 + 0 =$ _____

$1 + 5 + 3 =$ _____

$2 + 2 + 4 =$ _____

$3 + 1 + 3 =$ _____

(f)
$5 + 1 + 4 =$ _____

$2 + 1 + 6 =$ _____

$1 + 3 + 5 =$ _____

$6 + 3 + 1 =$ _____

$2 + 2 + 5 =$ _____

60

Draw. Colour. (**more than**, **less than**)

(a)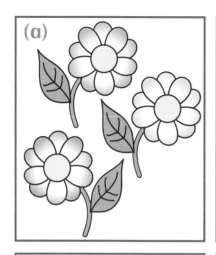

Draw **more** than 3 flowers.

(b)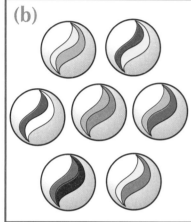

Draw **less** than 7 marbles.

(c)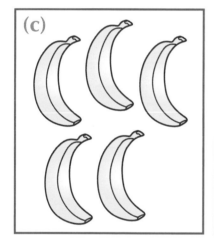

Draw **more** than 5 bananas.

(d)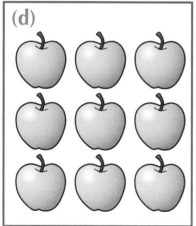

Draw **less** than 9 apples.

Add. Colour the snakes.

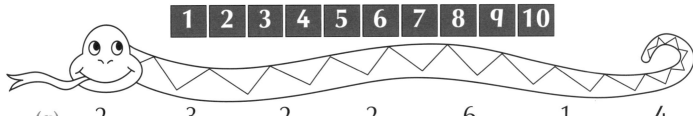

| 1 | 2 | 3 | 4 | 5 | 6 | 7 | 8 | 9 | 10 |

(a)

2	3	2	2	6	1	4
1	4	5	3	0	3	2
+ 2	+ 0	+ 1	+ 2	+ 2	+ 4	+ 2

(b)

7	3	6	3	5	2	1
1	3	2	1	4	3	6
+ 1	+ 2	+ 1	+ 2	+ 0	+ 4	+ 1

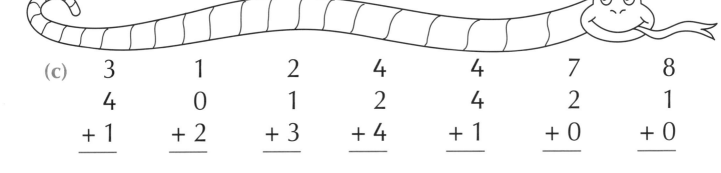

(c)

3	1	2	4	4	7	8
4	0	1	2	4	2	1
+ 1	+ 2	+ 3	+ 4	+ 1	+ 0	+ 0

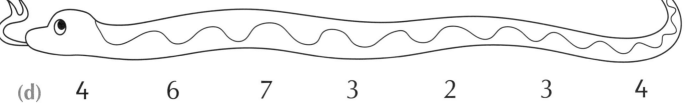

(d)

4	6	7	3	2	3	4
3	0	1	1	4	2	0
+ 2	+ 3	+ 2	+ 5	+ 2	+ 4	+ 6

SHAPE: Complete. Colour.

Jim's shape.

It has _____ sides.
It has _____ corners.
It is called a _____ .

Tara's shape.

It has _____ sides.
It has _____ corners.
It is called a _____ .

Brian's shape.

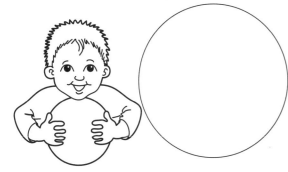

It has _____ corners.
It has a curved side.
It is called a _____ .

This shape has:

☐ squares

☐ rectangles

☐ triangles

☐ circles

LARGER NUMBERS: Counting. Colour.

Tick ✔ the **larger** amount.   ✘ the **smaller** amount.
Colour the **larger** amount blue.   Colour the **smaller** amount yellow.

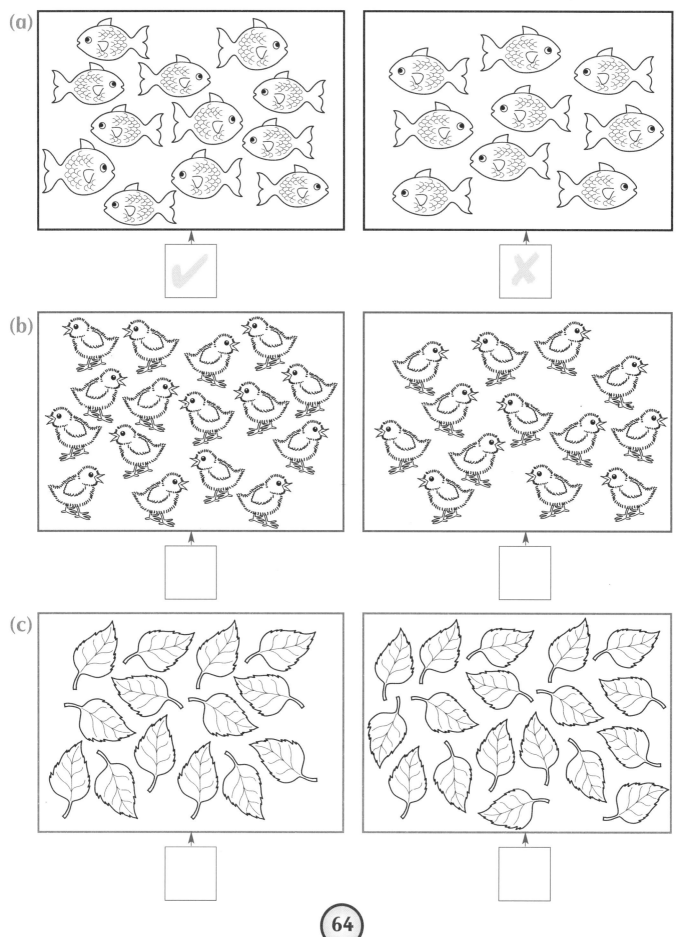

(a)

(b)

(c)

DIFFERENCE: Colour. Use two colours.

(a)

The difference is ☐ .

(b)

The difference is ☐ .

(c)

The difference is ☐ .

(d)

The difference is ☐ .

(e)

What is the **difference** between 8 and 10? ☐

What is the **difference** between 2 and 9? ☐

NUMBER STORIES: Complete. Colour.

(a) Paul has 6 apples. Ann has 4 apples.

Ann has ☐ apples **less** than Paul.

(b) Tom has 8 bananas. Joan has 5 bananas.

Joan has ☐ bananas **less** than Tom.

(c) Sally has 9 cubes. David has 4 cubes.

David has ☐ cubes **less** than Sally.

(d) Alice has 8 cubes. Jim has 2 cubes.

Jim has ☐ cubes **less** than Alice.

(e)

| 1 | 2 | 3 | 4 | 5 | 6 | 7 | 8 | 9 | 10 |

3 is _____ **less** than 5.

2 is _____ **less** than 9.

4 is **less** than 6 by _____.

6 is **less** than 10 by _____.

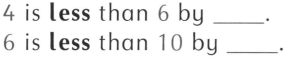

66

Add. Write. Colour the bedspread.

Colour Code: 6 ⬜ 7 ⬜ 8 ⬜ 9 ⬜ 10 ⬜

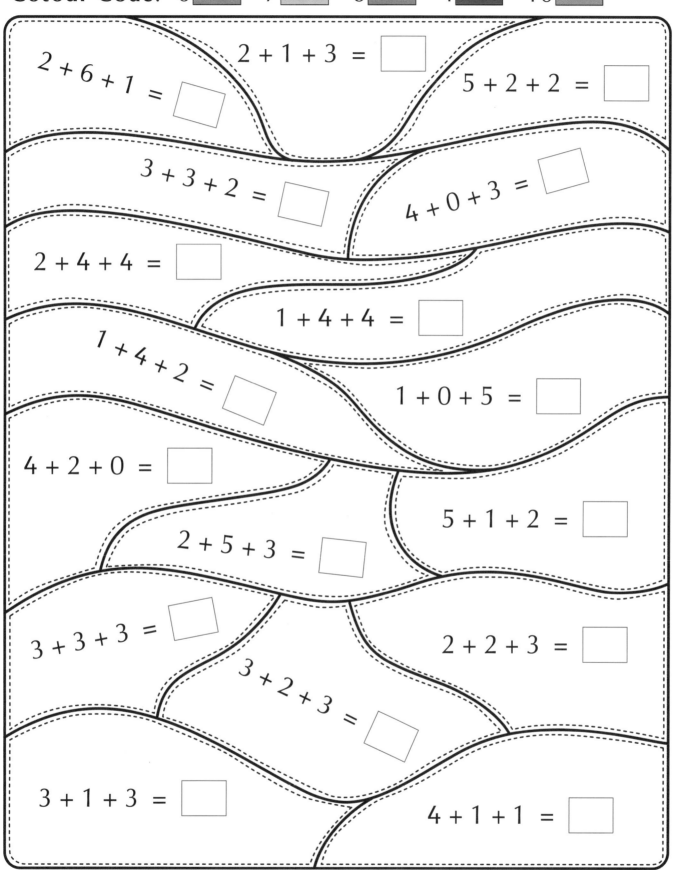

2 + 1 + 3 = ☐

2 + 6 + 1 = ☐

5 + 2 + 2 = ☐

3 + 3 + 2 = ☐

4 + 0 + 3 = ☐

2 + 4 + 4 = ☐

1 + 4 + 4 = ☐

1 + 4 + 2 = ☐

1 + 0 + 5 = ☐

4 + 2 + 0 = ☐

5 + 1 + 2 = ☐

2 + 5 + 3 = ☐

3 + 3 + 3 = ☐

2 + 2 + 3 = ☐

3 + 2 + 3 = ☐

3 + 1 + 3 = ☐

4 + 1 + 1 = ☐

The **least** popular colour in the **bedspread** is _____.

Show the correct time.

(a) 3 o'clock

(b) 6 o'clock

(c) 5 o'clock

(d) 8 o'clock

(e) 2 o'clock

(f) 10 o'clock

(g) 1 o'clock

(h) 7 o'clock

(i) 12 o'clock

(j) 9 o'clock

(k) 4 o'clock

(l) 11 o'clock

Write. Colour. (above, below, left, right)

chair

dice

(a) Colour the picture **above** the  yellow.

(b) Colour the picture **below** the  red.

(c) Colour the picture **right** of the  green.

(d) Colour the picture **left** of the  brown.

(e) Colour the picture **below** the  blue.

(f) Colour the picture **left** of the  orange.

(g) What picture is **left** of the chick? _____

(h) What picture is **below** the sock? _____

(i) What picture is **above** the parrot? _____

69

SHAPE: (cube, cuboid, sphere, cylinder)
Write the correct name under each shape.

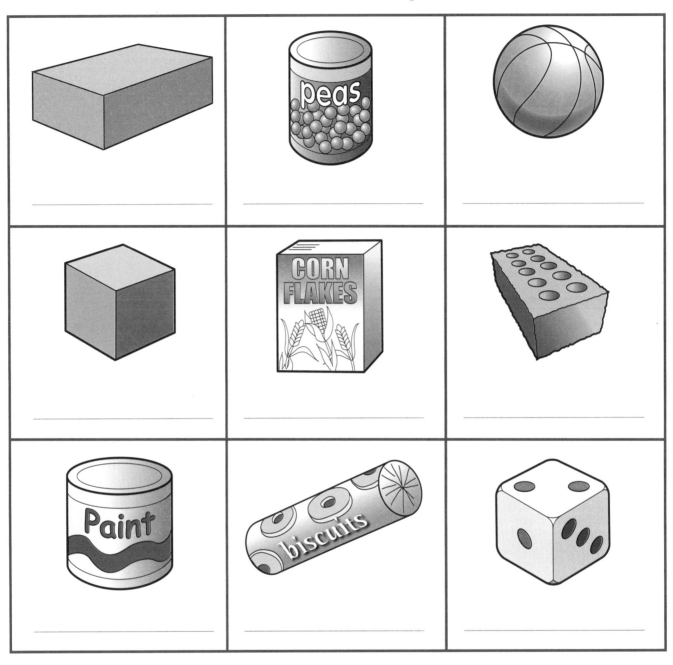

(a) Which shapes **can** roll?

_____ and _____

(b) Which shapes **cannot** roll?

_____ and _____

(c) Which shape is **easiest** to roll? _____

(d) Which shape is **best** for building? _____

NUMBER STORIES: Write.

1 2 3 4 5 6 7 8 9 10

(a) Joe has 3 sweets and Ann has 2.
How many sweets have they altogether? ☐

(b) Alice has 6 leaves and Pat has 3.
How many leaves have they altogether? ☐

(c) Dave has 3 sweets and Alan has 7.
How many sweets have they altogether? ☐

(d) Olive has 3 flowers and Rory has 5.
How many flowers have they altogether? ☐

(e) Henry had 3 cards. Then Jerry gave him 4.
How many cards has Henry now? ☐

(f) Sally has 5 buns. Tara gives her 4 buns.
How many buns has Sally now? ☐

(g) Pat has | Jenny has | Ann has

How much money have they altogether? ☐ **c**

(71)

NUMBER STORIES: Write.

(a) Peter ☺ has 4 sweets and Mary ☺ has 6.
Peter has ☐ sweets less than Mary.

(b) Lulu ☺ has 3 cards and Lily ☺ has 8.
Lulu has ☐ cards less than Lily.

(c) Kevin ☺ has 5 oranges and Henry ☺ has 9.
Kevin has ☐ oranges less than Henry.

(d) John ☺ has 3 apples and Joan ☺ has 10.
John has ☐ apples less than Joan.

(e) Clare ☺ has 5 buns and Cora ☺ has 7.
How many buns less than Cora has Clare? ☐

(f) Bill ☺ has 4 crayons and Bob ☺ has 9.
How many crayons less than Bob has Bill? ☐

(g) Paul ☺ had

He bought an apple for **5c** and
a lollipop for **3c**.

How much money had he left? ☐ c

MONEY: Complete.

THE SHOP

(a) Paul bought an 🍎 a 🍌 and a chocco.

He spent ☐ c + ☐ c + ☐ c = ☐ c

(b) Jane bought a 🍌 an 🍊 and a 🍬.

She spent ☐ c + ☐ c + ☐ c = ☐ c

(c) Jim bought Crisps a 🍬 and an 🍎.

He spent ☐ c + ☐ c + ☐ c = ☐ c

(d) Susan bought an 🍎 a 🍬 and an 🍦.

She spent ☐ c + ☐ c + ☐ c = ☐ c

① ② ③ ④ ⑤ ⑥ ⑦ ⑧ ⑨ ⑩

(e) How much for each of these packs?

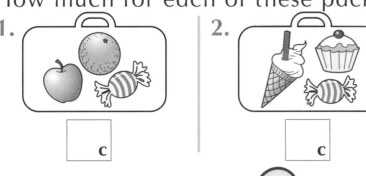

1. ☐ c   2. ☐ c

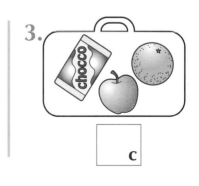

3. ☐ c

73

MONEY: Complete.

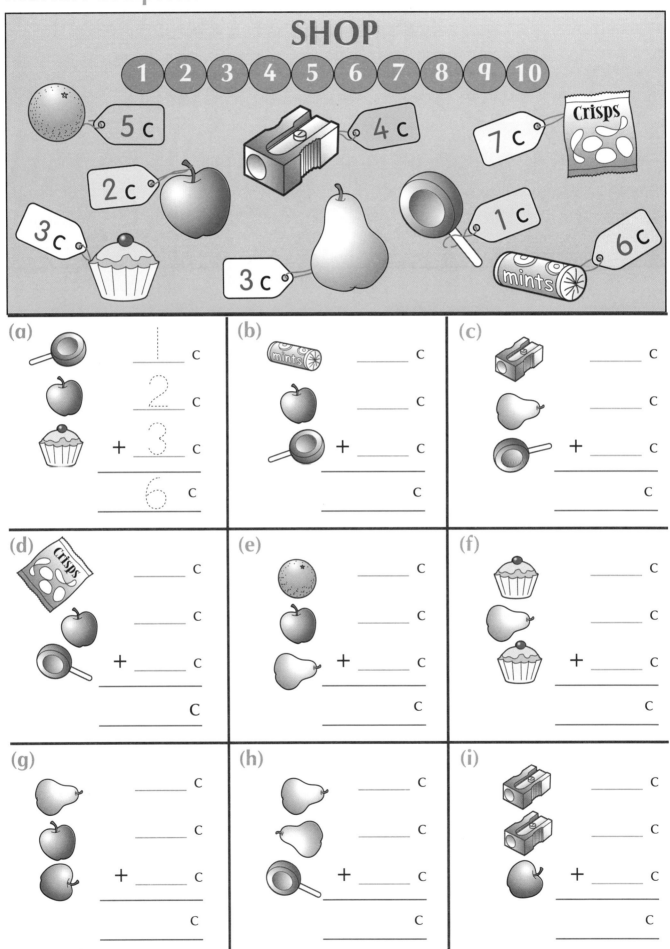

SHOP

1 2 3 4 5 6 7 8 9 10

5 c · orange
2 c · apple
3 c · cupcake
4 c · sharpener
3 c · pear
1 c · magnifying glass
7 c · crisps
6 c · mints

(a)
___1___ c
___2___ c
+ ___3___ c
_____
___6___ c

(b)
_____ c
_____ c
+ _____ c
_____
_____ c

(c)
_____ c
_____ c
+ _____ c
_____
_____ c

(d)
_____ c
_____ c
+ _____ c
_____
_____ c

(e)
_____ c
_____ c
+ _____ c
_____
_____ c

(f)
_____ c
_____ c
+ _____ c
_____
_____ c

(g)
_____ c
_____ c
+ _____ c
_____
_____ c

(h)
_____ c
_____ c
+ _____ c
_____
_____ c

(i)
_____ c
_____ c
+ _____ c
_____
_____ c

Add. Colour the snakes.

| 1 | 2 | 3 | 4 | 5 | 6 | 7 | 8 | 9 | 10 |

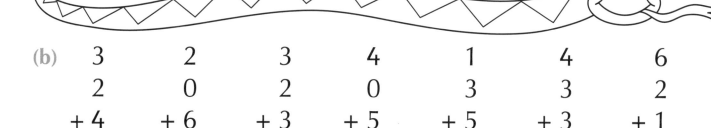

(a)
```
  2     1     3     4     1     3     3
  3     4     2     1     4     0     1
+ 1   + 0   + 2   + 4   + 3   + 5   + 3
———   ———   ———   ———   ———   ———   ———

———   ———   ———   ———   ———   ———   ———
```

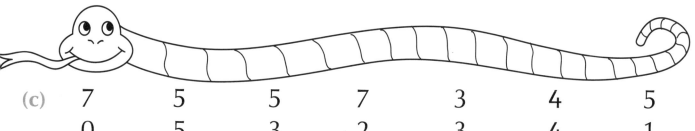

(b)
```
  3     2     3     4     1     4     6
  2     0     2     0     3     3     2
+ 4   + 6   + 3   + 5   + 5   + 3   + 1
———   ———   ———   ———   ———   ———   ———

———   ———   ———   ———   ———   ———   ———
```

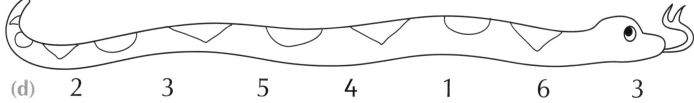

(c)
```
  7     5     5     7     3     4     5
  0     5     3     2     3     4     1
+ 2   + 0   + 2   + 1   + 3   + 2   + 2
———   ———   ———   ———   ———   ———   ———

———   ———   ———   ———   ———   ———   ———
```

(d)
```
  2     3     5     4     1     6     3
  5     4     4     0     3     1     1
+ 2   + 1   + 1   + 4   + 4   + 3   + 5
———   ———   ———   ———   ———   ———   ———

———   ———   ———   ———   ———   ———   ———
```

75

How much money is there in each piggybank?

1 2 3 4 5 6 7 8 9 10

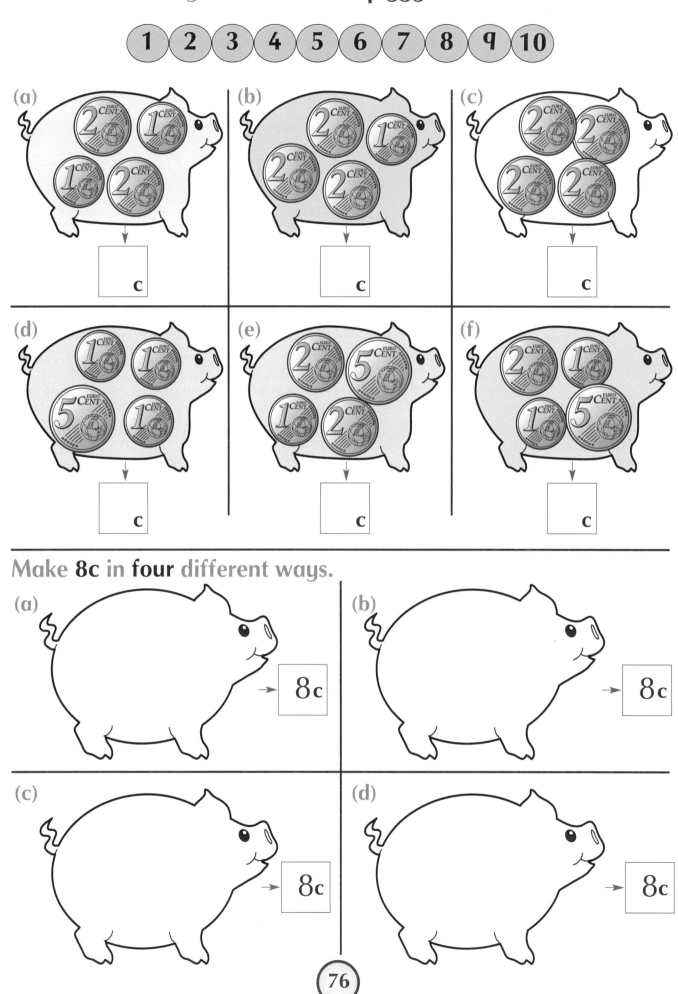

(a) □ c

(b) □ c

(c) □ c

(d) □ c

(e) □ c

(f) □ c

Make 8c in four different ways.

(a) → 8c

(b) → 8c

(c) → 8c

(d) → 8c

REVISION: Complete.

(a) $2+1+3 = \underline{\hspace{2em}}$ $1+4+3 = \underline{\hspace{2em}}$ $2+3+4 = \underline{\hspace{2em}}$

(b) $4+2+3 = \underline{\hspace{2em}}$ $3+5+2 = \underline{\hspace{2em}}$ $4+1+4 = \underline{\hspace{2em}}$

(c) $2+3+5 = \underline{\hspace{2em}}$ $5+1+3 = \underline{\hspace{2em}}$ $6+3+1 = \underline{\hspace{2em}}$

(d) $4+3+2 = \underline{\hspace{2em}}$ $2+1+5 = \underline{\hspace{2em}}$ $3+7+0 = \underline{\hspace{2em}}$

(e)

2	3	4	2	1	5	3
4	3	4	5	4	1	4
+ 1	+ 3	+ 2	+ 2	+ 5	+ 2	+ 1

(f) Kevin  has 8 sweets and Susan  has 3.
Kevin has ☐ sweets **more** than Susan.

(g) Peter  has 4 lollipops and Pam  has 7.
Peter has ☐ lollipops **less** than Pam.

What **season** does each picture show?

(a)
_____

(b)
_____

(c)
_____

(d)
_____

Revision: Write. Colour.

1. John has **9** plums and Ann has **4**.
   John has ____ plums more than Ann.
   Ann has ____ plums less than John.

2. Jill has **10** oranges and Tom has **3**.
   Jill has ____ oranges more than Tom.
   Tom has ____ oranges less than Jill.

Number stories: Write. Colour.

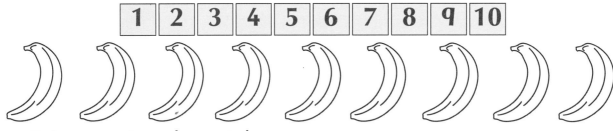

9 is **greater** than 6 by ____.
6 is **less** than 9 by ____.
9 is **greater** than 2 by ____.
2 is **less** than 9 by ____.

Draw the next **2** shapes. Continue the colour pattern.

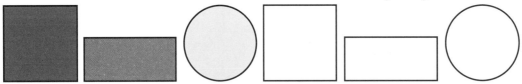

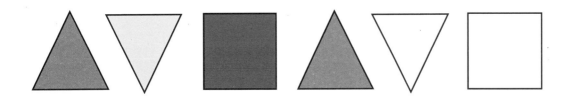

Add.

(a) 3 + 2 + 3 = ____   4 + 5 + 0 = ____   3 + 4 + 3 = ____

(b) 2 + 6 + 1 = ____   3 + 0 + 7 = ____   1 + 5 + 3 = ____

(78)